Prestel-Museumsführer

W0373270

Alte Pinakothek München

Von
Martin Schawe

Prestel
München · Berlin · London · New York

Bayerische Staatsgemäldesammlungen
Alte Pinakothek München
Barer Straße 27
(Eingang von der Theresienstraße)
80333 München
Tel.: 089 / 2 38 05-2 16
Fax: 089 / 2 38 05-2 21

2. Auflage 2002
© Prestel Verlag, München · Berlin · London · New York, 1999

Fotos: Seite 9 unten, 17, 20, 21, 23, 24/25, 29, 34 unten, 35, 41 unten, 42, 49–52, 53 unten, 57, 59, 64, 68, 69 unten, 71 unten, 72 unten, 74, 76 oben, 77, 83, 85 unten, 86, 88 oben, 92 unten, 93, 96 unten, 98, 103 oben, 106, 110, 112 oben, 118, 121 unten, 122–124, 138 oben: Artothek, Peißenberg.
Alle übrigen Abbildungen stammen aus dem Archiv der Bayerischen Staatsgemäldesammlungen.

Umschlagvorderseite: Peter Paul Rubens, Rubens und Isabella Brant in der Geißblattlaube, um 1609, Detail aus Abb. S. 76
Umschlagrückseite: Außenaufnahme der Alten Pinakothek,
Foto: Jens Weber

Der Verlag dankt der Artothek für die großzügige Bereitstellung der Bildvorlagen.

Die Deutsche Bibliothek – CIP-Einheitsaufnahme
Alte Pinakothek München / von Martin Schawe. –
München ; London ; New York : Prestel, 1999
(Prestel-Museumsführer)
ISBN 3-7913-2114-5

Prestel Verlag, Königinstraße 9, D-80539 München
Tel.: 089 / 38 17 09-0
Fax: 089 / 38 17 09-35

www.prestel.de

Lektorat: Stefanie Penck
Gestaltung und Herstellung: Verlagsservice G. Pfeifer, Germering
Satz: EDV-Fotosatz Huber, Germering
Repro: Repro Line, München
Druck und Bindung: Passavia Druckerei GmbH, Passau

Printed in Germany
ISBN 3-7913-2114-5 (deutsche Ausgabe)
ISBN 3-7913-2230-7 (englische Ausgabe)

Inhalt

Sammlungsgeschichte

Die Alte Pinakothek ist Teil der Bayerischen Staatsgemäldesammlungen, zu denen in München vier Häuser – die Alte und die Neue Pinakothek, die Staatsgalerie moderner Kunst, die Schack-Galerie – und in ganz Bayern 15 Staatsgalerien gehören. Der Verwaltungssitz ist in einem Seitentrakt der Neuen Pinakothek untergebracht. Etwa 30.000 Kunstwerke werden von hier aus betreut. Die Zweiggalerien wurden z.T. schon im 19. Jahrhundert in Ergänzung zu den Münchner Häusern eingerichtet. So findet man zahlreiche altdeutsche Gemälde in Aschaffenburg, Augsburg, Bamberg, Burghausen, Füssen und Ottobeuren, Gemälde des Barock in Ansbach, Kulmbach, Schleißheim und Würzburg. Die Bayerischen Staatsgemäldesammlungen gehen in ihren wesentlichen Teilen auf landesherrliche Sammeltätigkeit zurück. Dies hat den Bestand entscheidend geprägt: Er läßt einerseits die persönlichen Vorlieben einzelner Herrscher zum Ausdruck kommen, hat aber andererseits auch einzigartige Ensembles bewahrt. Darüber hinaus ist die Sammlung Spiegel der wechselvollen Familiengeschichte der Wittelsbacher: Durch das Aussterben verschiedener Familienzweige und Erbschaft, durch Zusammenlegungen und Verlagerung des Kunstbesitzes kam es zu jenem qualitativ hochwertigen Bestand, dem die Alte Pinakothek ihren Weltrang verdankt.

1528/40 Der Grundstock zur heutigen Sammlung der Alten Pinakothek wird gelegt: Herzog Wilhelm IV. von Bayern (1493–1550) und seine Gemahlin Jacobaea von Baden (1507–1580) lassen eine Folge von Historienbildern für die Münchner Residenz ausführen, darunter Altdorfers *Alexanderschlacht*.

1563–1567 Bau der Kunstkammer (spätere »Münze«) unter Herzog Albrecht V. (1528–1579) durch Wilhelm Egkl. Das 1598 erstellte Inventar wird u.a. 778 Gemälde aufführen.

1597–1651 Kurfürst Maximilian I. (1573–1651) erwirbt Hauptwerke der Altdeutschen Malerei, darunter Albrecht Dürers *Vier Apostel*, und stellt sie in der 1611–1617 eingerichteten Kammergalerie aus. Für (das Alte) Schloß Schleißheim bestellt er 1615/16 bei Peter Paul Rubens einen Jagdzyklus, von dem einzig die *Nilpferdjagd* in München geblieben ist. Etwa zur gleichen Zeit erteilt ein anderer Wittelsbacher, Wolfgang Wilhelm, Pfalzgraf von Neuburg, Jülich und Berg (1578–1653), Rubens den Auftrag u.a. für das Hochaltarbild der Jesuitenkirche in Neuburg a.d. Donau, das *Große Jüngste Gericht*, das später nach München gelangt.

1679–1726 Kurfürst Maximilian II. Emanuel (1662–1726) führt die Sammeltätigkeit seines Großvaters weiter. 1698 erwirbt er während seiner Statthalterschaft in den Niederlanden aus der Sammlung des Antwerpener Handelsherren Gisbert van Colen 101 flämische Gemälde, darunter allein 12 Bilder von Rubens, die heute zu den Hauptwerken der Alten Pinakothek zählen. Über 1000 Gemälde werden im neuen Schloß Schleißheim ausgestellt. Etwa gleichzeitig baut Kurfürst Johann Wilhelm von der Pfalz (1658–1716), ein Enkel Wolfgang Wilhelms von Pfalz-Neuburg, in seiner Residenzstadt Düsseldorf einen erlesenen Gemäldebestand mit flämischen und italienischen Meisterwerken auf, die später ebenfalls nach München gelangen.

1777 Die bayerische Linie der Wittelsbacher stirbt aus. Kurfürst Karl Theodor von der Pfalz (1724–1799) tritt die Gesamterbschaft der bayerischen und pfälzischen Lande an.

1780/81 Karl Theodor läßt über den nördlichen maximilianischen Arkaden des Hofgartens (1613–1617) eine Galerie errichten. 1798 überführt er aus Furcht vor den nahenden Franzosen die 758 Gemälde aus der Mannheimer Galerie nach München, überwiegend holländische und flämische Bilder des 17. Jahrhunderts, darunter die besten Jan Brueghels d.Ä. und Rembrandts *Opferung Isaaks*.

1799–1825 Mit dem Tod Karl Theodors endet die pfälzische Linie. Kurfürst Maximilian IV. Joseph (1756–1825, ab 1806 König Max I. Joseph) aus der Linie Pfalz-Zweibrücken gliedert sogleich nach Regierungsantritt seine Galerie Zweibrücken in die Münchner Sammlung ein, gut 2000 Bilder altdeutscher, flämischer, holländischer und jüngerer französischer Maler, u.a. Chardins *Rübenputzerin* und Bouchers *Ruhendes Mädchen*.

1800 Beschlagnahmung zahlreicher Gemälde durch die Franzosen und Überbringung nach Paris. 1815 kommen 27 Bilder wieder zurück, 45 bleiben in Frankreich.

Ab 1803 Im Zuge der Säkularisation gelangen 1500 Gemälde nach München, darunter hochrangige altdeutsche Tafelbilder. Die Idee der Filialgalerien wird in Augsburg, Ansbach, Bamberg, Würzburg, Nürnberg und Aschaffenburg verwirklicht.

Ab 1805 Der Kronprinz und spätere König Ludwig I. (1786–1868) erwirbt zahlreiche italienische Gemälde, u.a. Werke Giottos, Botticellis, Filippino Lippis und Domenico Ghirlandaios, Peruginos und Raffaels. 97 von 314 Gemälden der italienischen Abteilung – darunter nahezu alle Hauptwerke – wird Ludwig bis zur Eröffnung der Alten Pinakothek 1836 gesammelt haben.

1806 Die Düsseldorfer Galerie Johann Wilhelms von der Pfalz, bereits 1777 durch Erbschaft an Karl Theodor gefallen, wird nach München überführt.

1826 Am 7. April, dem Geburtstag Raffaels, wird der Grundstein zur (Alten) Pinakothek gelegt (Architekt: Leo von Klenze).

1827 König Ludwig I. kauft die 216 Bilder der Sammlung Boisserée für 240.000 Gulden: Oberdeutsche und kölnische Werke vom Meister des Marienlebens oder Stefan Lochners, vor allem die Hauptwerke der altniederländischen Schule, Rogier van der Weydens *Columba-Altar*, Dieric Bouts' *Perle von Brabant* und Hans Memlings *Sieben Freuden Mariens*, kommen nach München.

1828 König Ludwig I. erwirbt für 80.000 Gulden 219 altdeutsche Gemälde der schwäbischen, fränkischen, mittel- und oberdeutschen Schule aus der Sammlung Oettingen-Wallerstein, darunter Dürers *Oswolt Krel* und Altdorfers *Donaulandschaft*.

1836 Einweihung der (Alten) Pinakothek.

1838 Der erste Gemäldekatalog erscheint (Dillis).

1939–1945 Schließung der Alten Pinakothek während des Krieges. Die Gemälde werden ausgelagert, zunächst in München, ab 1942 außerhalb der Stadt, so daß am Ende kaum Verluste zu beklagen sind. Die Bombenangriffe am 9. März 1943, am 25. April, 12. und 16. Juli sowie am 17. Dezember 1944 beschädigen das Gebäude schwer.

1946–1957 Im Haus der Kunst werden Gemälde der Alten Pinakothek und der (ehemaligen) Neuen Staatsgalerie (das entspricht heute dem jüngeren Bestand ab 1850 in der Neuen Pinakothek) ausgestellt.

1952–1957 Wiederaufbau der Alten Pinakothek durch Hans Döllgast. Die Spuren der Zerstörung sind am Außenbau sichtbar geblieben. Diese wie auch das große Treppenhaus auf der Südseite – hier befand sich im Obergeschoß eine große Loggia, der Haupteingang war ursprünglich im Osttrakt – sind inzwischen schutzwürdige Bestandteile des Gebäudes.

1957 Am 7. Juni Wiedereröffnung der Alten Pinakothek. 1961 folgt die Einrichtung des östlichen, 1963 die des westlichen Untergeschosses.

Ab 1966 Werke des 18. Jahrhunderts werden als Leihgaben der Bayerischen Hypotheken- und Wechselbank hinzuerworben, u.a. Lancrets *Vogelkäfig*, Bouchers *Madame Pompadour*.

1977–1980 Bauarbeiten im Dachbereich, die Wandverkleidung der Galerie muß aus feuerpolizeilichen Gründen erneuert werden.

1990 Erwerbung von Dieric Bouts' *Ecce agnus dei*.

1994 Am 5. April wird die Alte Pinakothek für die Generalsanierung geschlossen. Eine Gemäldeauswahl wird ab 18. Juni in der Neuen Pinakothek gezeigt.

1998 Wiedereröffnung am 23. Juli.

Altniederländische Malerei

Im frühen 15. Jahrhundert vollzog die Kunst in den südlichen Niederlanden einen Entwicklungssprung. Auf der Grundlage der franko-flämischen Buchmalerei entstand im Medium des Tafelbildes eine hochgradig verfeinerte Malerei. Mikroskopischer Detailrealismus und tiefleuchtende Farbigkeit zeichnen sie aus. Campin, die Brüder van Eyck, van der Weyden, Bouts und Memling fanden in Händlern und weitgereisten Kaufleuten, betuchten Bürgern, Klerikern und Angehörigen des Hofes eine Klientel, die ihr Konterfei bewahren, ihre Privatandacht durch Bilder befördern oder ihr Geld zum Heil der eigenen Seele und zum Nutzen der Kirche in Kunst anlegen wollte.
Der Einfluß der altniederländischen Malerei auf die Nachbarländer war immens, selbst in Italien war sie unter Kennern geschätzt. Die kleine Sammlung der Alten Pinakothek weist einige hochbedeutende Werke auf, deren überwiegende Zahl aus der Sammlung Boisserée stammt, die 1827 von König Ludwig I. von Bayern erworben wurde.

Rogier van der Weyden
(Tournai 1399/1400 – Brüssel 1464)

Columba-Altar. Um 1455

Holz, 138 x ca. 293 cm (Gesamtmaß) – Inv.-Nr. WAF 1189-WAF 1191 – Erworben 1827 aus der Sammlung Boisserée

Der Columba-Altar ist Hauptwerk der Alten Pinakothek wie auch der Altniederländischen Kunst. Auf der Mitteltafel und den Flügeln sind die Anbetung des Kindes durch die Könige, die Verkündigung Mariens und die Darbringung des Neugeborenen am achten Tage nach seiner Geburt dargestellt. Die leuchtende Farbigkeit, mikroskopisch genaue Wirklichkeitsnähe der Details und der tiefe Ernst, den die Figuren ausstrahlen, beeindruckten bereits Goethe, als er das Werk 1814/15 in Heidelberg lange betrachtete. In versteckten Details – dem Gekreuzigten über dem Neugeborenen, dem Sündenfall-Relief am Betstuhl der Verkündigungs-Maria und »Neuen Eva« – kommt eine überraschende theologische Gedankentiefe zum Ausdruck. Seinen Namen erhielt der Columba-Altar von seinem Herkunftsort, der Kapelle des Goedert van den Wasserfaß in der Kölner Kirche St. Columba. Es ist jedoch nicht sicher, ob dies der ursprüngliche Bestimmungsort war. Der dargestellte Stifter bleibt demnach unbekannt.

Dieric Bouts
(Haarlem 1410/20 – Löwen 1475)

»Ecce agnus dei«. Um 1462/64

Holz, 53,8 x 41,2 cm – Inv.-Nr. 15192 – Erworben 1989 mit Unterstützung der Kulturstiftung der Länder

Dargestellt wird eine religiöse Haltung: Der kniende Stifter nimmt für sich in Anspruch, sein Leben an Christus auszurichten, sein (Namens?-)Patron Johannes der Täufer steht ihm dabei hilfreich zur Seite. Bezugspunkt für die Darstellung ist die Bibel: Die zeigende Gebärde des Täufers bezieht sich auf die Worte »Seht, das Lamm Gottes« (Joh 1,29 und 36), die er predigend am Jordan sprach; die ersten Jünger folgen daraufhin Christus nach (Joh 1,37). Der Fluß trennt und verbindet zugleich und besagt: Nur durch die Taufe gelangt man zu Christus. Für den mittelalterlichen Betrachter waren diese Beziehungen klar ersichtlich; er wird ferner am Ufer den Baum des Lebens, in den zahl-

losen betont ausgestreuten Halbedelsteinen im Wasser und am Ufer weitere symbolische, auf Christus gerichtete Hinweise erkannt haben. Die außerordentliche Feinheit und Qualität der Malerei machen das Bild zu einem der unbestrittenen Meisterwerke des Künstlers. Es ist die jüngste und bedeutendste Erwerbung der altniederländischen Abteilung seit Bestehen der Alten Pinakothek. Auf einer Nachahmung des Gemäldes (Berlin) wird der Stifter durch die Zuhörer der genannten Bibelstelle ersetzt.

Dieric Bouts

(Haarlem 1410/20 – Löwen 1475)

Flügelaltar (»Perle von Brabant«). Um 1465

Holz, 62,6 x ca. 117,6 cm (Gesamtmaß) – Inv.-Nr. WAF 76, WAF 77, WAF 78 – Erworben 1827 aus der Sammlung Boisserée

Der Name »Perle von Brabant« klingt romantisch, ist aber erst seit Anfang des 20. Jahrhunderts nachweisbar. Er bezieht sich auf die kostbare Gesamtwirkung des Altärchens wie auch auf die stimmungsvolle Schilderung der Tageszeiten auf den Flügeln: dem Morgenlicht auf dem linken mit Johannes dem Täufer, dem Abendlicht auf dem rechten Flügel mit dem hl. Christophorus (griechisch: Christusträger). Besonders die Landschaft des linken Flügels bietet sich für einen Vergleich mit dem vorstehenden Bild an. Auf den Außenseiten der Flügel befinden sich Grisaillemalereien mit den hll. Katharina und Barbara. Aufgrund seiner geringen Maße diente das Altärchen wohl der privaten Andacht.

Hans Memling
(Seligenstadt am Main um 1435/40 – Brügge 1494)

Die Sieben Freuden Mariae. 1480

Holz, 81 x 189 cm – Inv.-Nr. WAF 668 – Erworben 1827 aus der Sammlung Boisserée

Der traditionelle Bildtitel ist unzutreffend. Denn weder sind es (nur) Freuden noch sieben Szenen, die Memling uns mit miniaturhafter Präzision vor Augen führt. Dargestellt sind in dem ungewöhnlich breitformatigen Bild mindestens fünfundzwanzig Szenen, deren Gewimmel sich klärt, wenn man sich die Tafel als geöffneten Flügelaltar vorstellt. Im Zentrum steht die Legende der Heiligen Drei Könige: die Ausschau nach dem Stern auf den drei Bergen im Hintergrund, das Zusammentreffen in prächtiger Begleitung, die Anbetung des Kindes im Vordergrund und die aufwendige Rückreise auf anderem Wege, damit sie den von Herodes gedungenen Verfolgern des Kindes nicht begegnen. Der zweite »rote Faden« ist die Geschichte der Gottesmutter, die sich im linken Bildviertel von der Verkündigung über die Geburt Jesu und die von Wundern begleitete Flucht nach Ägypten erstreckt. Im rechten Bildviertel ist es die Geschichte Christi nach seiner Auferstehung über die Himmelfahrt bis zum Pfingstwunder. Das Oberthema »Erscheinung des Herrn« – von der Zeit vor seiner Geburt bis nach seinem Tode – ist es, dem sich nahezu alle Szenen unterordnen. Daher die drei Könige im Zentrum, deren Fest am 6. Januar auch Epiphanie (Erschei-

nung) genannt wird, daher die prominente Stellung des Pfingstwunders, in dem die Geschichte der Kirche ihren Anfang nimmt. Das Gemälde wurde 1480 für die Kapelle der Lohgerbergilde in der Frauenkirche zu Brügge gestiftet. Der Stifter Pieter Bultync ist links im Bild mit einem Sohn dargestellt, seine Frau Katharina van Riebeke rechts.

Jean Hey

(tätig zwischen ca. 1480 und 1500 in Burgund)

Karl II. von Bourbon. Um 1480/85

Holz, 34 x 25 cm – Inv.-Nr. WAF 648 – Erworben 1827 aus der Sammlung Boisserée

Karl II. von Bourbon (1434–1488), Sohn Herzog Karls I. von Burgund, schlug die kirchliche Laufbahn ein: 1447 Erzbischof von Lyon, 1465 päpstlicher Legat und 1476 Kardinal, als der er sich porträtieren ließ. Die Tafel war wohl Teil eines Diptychons.

Gerard David
(Oudewater bei Gouda um 1460 – Brügge 1523)

Anbetung der Könige. Um 1495
Holz, 123 x 166 cm – Inv.-Nr. 715 – Erworben 1816 aus einer Pariser Privatsammlung

David vertritt die Generation der Brügger Maler nach Memling. Dargestellt ist wieder die Anbetung der Könige, das zentrale Thema des Spätmittelalters (s. *Columba-Altar* oder die *Perle von Brabant*). David orientiert sich hier an einer heute verlorenen Komposition des Hugo van der Goes. Die allem Irdischen enthobenen asketischen Gestalten des Vorbildes holt er jedoch mit den lebensnahen bäuerlichen Nebenfiguren in die Wirklichkeit seiner Zeitgenossen zurück. Der Pflegevater Joseph, in Darstellungen des Spätmittelalters oft als alter Tölpel behandelt, wurde wohl selten so würdevoll dargestellt wie hier. Beachtenswert auch die respektvolle Behandlung der Afrikaner. Das Kind und die Mutter thronen vor der Ruine des einstmals prächtigen Palastes Davids. Die still in sich versunkene Maria wäre auch als isoliertes Bild vorstellbar, das Kind wendet sich eher uns zu als seinen großzügigen Besuchern. Die Könige nähern sich ihm mit allen Zeichen der Ehrerbietung, behalten jedoch – ganz anders als auf dem *Columba-Altar* – Distanz, als wagten sie nicht, den heiligen Bezirk zu berühren, der durch eine betonte Schwelle abgetrennt ist. Die Komposition ist somit deutlich in zwei Hälften geteilt. Das einzige, was diese Trennung durchbricht, ist die Ährengarbe im Vordergrund. In ihr finden wir eine Anspielung auf die Lehre der Eucharistie, in der sich durch das Wunder der Wandlung die Geburt Jesu erneuert. Das Sakrament der Eucharistie vermittelt zwischen Gott und den Menschen – dies wird allein durch die Komposition sinnfällig.

Lucas van Leyden
(Leiden wahrscheinlich 1494 – Leiden 1533)

Maria mit dem Kinde, der hl. Maria Magdalena und einem Stifter. 1522

Holz, 50,5 x 67,8 cm – Monogrammiert und datiert – Inv.-Nr. 742 – Erworben vor 1628

Das Gemälde hat eine bewegte Geschichte. Aus der Sammlung Frans Hooghstraet (nahe Leiden) gelangte es vor 1604 in die Sammlung Kaiser Rudolphs II., einige Jahre später ist es in München in der Kammergalerie Kurfürst Maximilians I. nachzuweisen. Bereits zu diesem Zeitpunkt waren die zwei ursprünglich halbrund geschlossenen Tafeln zu einer vereint und hochrechteckig ergänzt, der kniende Stifter wurde durch Attribute (Lilienzweig und Zimmermannswerkzeug) zu einem hl. Joseph – kein singulärer Vorgang in dieser Zeit. Die Ergänzungen wurden 1911 weitgehend rückgängig gemacht. Auf der Rückseite des rechten Flügels befand sich bis 1874 eine Verkündigung (heute abgetrennt). In diesem frühesten seiner datierten Gemälde ließ sich van Leyden von venezianischen Vorbildern sowie von graphischen Blättern Albrecht Dürers anregen, dem er wenige Monate zuvor in Antwerpen begegnet war.

Jan Gossaert, genannt Mabuse
(Maubeuge im Hennegau um 1478 – Breda 1532)

Danae. 1527

Holz, 113,5 x 95 cm – Signiert und datiert – Inv.-Nr. 38 – Vermutlich aus der Sammlung Kaiser Rudolphs II., seit 1748 in der Kurfürstlichen Galerie nachweisbar

Das Thema aus der antiken Mythologie und die antikischen Architekturmotive weisen darauf hin, daß wir es mit einem ausgeprägten Werk der Renaissance zu tun haben. Gossaert hatte sich 1508/09 mit Philipp von Burgund in Rom aufgehalten und war der erste, der in der altniederländischen Malerei die gesehene Italien- und Antikenerfahrung umsetzte. Dargestellt ist die delikate Geschichte des Göttervaters Zeus, der sich der Königstochter von Argos als Goldregen nähert und Perseus zeugt. Das Mittelalter kannte das Thema als Exempel für Keuschheit, die durch Gold in Gefahr gerät. In der eigentümlichen Weise, in der Gossaert das Thema anfaßt, wurde eine Nachwirkung dieser Tradition gesehen. Das Bild wirkt wie eine sakralisierte Fassung der mythologischen Erzählung, die Nische ist mit ihrem rahmenartigen oberen Abschluß einem Schrein ähnlicher als gebauter Architektur. Dabei ist es jedoch keinesfalls unerotisch: Die angedeutete Nacktheit der zarten Gestalt, die ihren Rock rafft, die Beine leicht öffnet, der erwartungsvolle Blick nach oben, machen das Bild zusammen mit der metallischen Kühle der Farbigkeit zu einem kostbaren Kunstkammerstück für Genießer.

Altdeutsche Malerei

Die deutsche Malerei des 15. Jahrhunderts ist eine anonyme Kunst der Regionen. Werkgruppen einer Hand werden oft mit »Notnamen« belegt. Erst am Ende des 15. Jahrhunderts treten uns die Künstler zunehmend als Individuen entgegen, formt sich mit Dürer, Cranach und Altdorfer das Bild des neuzeitlichen Künstlers.
Die Aufgabe der Kunst ist zumeist religiös bestimmt: Altarbilder mit Flügeln, verschließ- und wandelbar entsprechend der Liturgie, kleinere für den privaten Lebensraum, Epitaphe für das Totengedenken. Im Museum sind diese Funktionen nur unvollkommen vermittelbar. Das Bildnis des Menschen findet sich zunächst nur im Stifterporträt. Erst mit der Renaissance treten uns selbstbewußte Bürger und Adelige entgegen, die Themenpalette der Historien erweitert sich, und die ersten ausgesprochenen Sammlerstücke entstehen. Wittelsbachischer Sammeleifer des 17. und frühen 19. Jahrhunderts sowie die Säkularisation haben den altdeutschen Gemäldebestand geprägt.

Meister der heiligen Veronika
(tätig in Köln im ersten Viertel des 15. Jahrhunderts)

Die hl. Veronika. Um 1420
Holz, 78,1 x 48,2 cm – Inv.-Nr. 11866 – Erworben 1827 aus der Sammlung Boisserée

Im Mittelalter erfuhren mehrere nebeneinander existierende Fassungen des »Wahren Antlitzes Christi« hohe Verehrung. In Form von Pilgerabzeichen und auf anderen Wegen fanden sie weite Verbreitung. Legenden umgaben sie, die ihre wunderbare Entstehung erklären und ihre Authentizität beweisen sollten. Eine erzählt von der hl. Veronika (vera icon = wahres Bild), die Christus auf dem Weg nach Golgatha ein Tuch reichte, um seinen Schweiß zu trocknen. Sein blutiges Antlitz blieb darin zurück, ein wahres Abbild. Die Legende entstand um 1300. Sie bezieht sich auf eine Bildreliquie in St. Peter in Rom, die regelmäßig bis zu einer Million Pilger anzog. Die Verehrung war mit Ablaß verbunden, Hymnen entstanden. Die singenden Engel auf dem Bild beziehen sich darauf. Die ganze Anlage des Bildes, selbst die Proportionen der Figuren ordnen sich der Hauptsache unter: der vera icon.

Stefan Lochner
(Meersburg um 1410 – Köln 1451)

Anbetung des Kindes durch Maria (Geburt Christi). 1445
Holz, 37,5 x 23,6 cm – Inv.-Nr. 13169 – 1961 aus Staatsbesitz überwiesen

Stefan Lochner ist einer der frühesten Künstler der altdeutschen Kunst, die namhaft zu machen sind. Wohl schon zur Zeit Dürers, der sich in Köln »maister steffans« Tafel (das Dombild) zeigen ließ, war er legendär. Lochners Kunst bietet eine reizvolle Synthese der oberrheinischen, der niederländischen und der kölnischen Tradition. Das kleine Gemälde wird beherrscht durch die anbetende Maria, die in einem kunstvoll am Boden drapierten Kleid vor dem Kind kniet. Als Nebenszene ist die Verkündigung an die Hirten angefügt, die einen Blick in eine überraschend weitläufige Landschaft freigibt. Kindlich-zarte Engelgruppen, die Lochner zu einer Art Markenzeichen entwickelte, wachen und singen dazu. Das Ganze strahlt eine geradezu liturgische Feierlichkeit aus. Die belehrende Nebenaufgabe des Bildes behandelt das Dogma der Eucharistie: Das Kind liegt auf einem Tuch mit Kreuzen, ähnlich dem Corporale, auf dem während der Meßfeier die Hostie abgelegt wird. Die zweiseitig bemalte Tafel (Rückseite: Kreuzigung) war Teil eines Klappaltärchens.

Kölnisch um 1440

Thronende Maria mit dem Jesuskind, vier heiligen Jungfrauen und musizierenden Engeln

Holz, Durchmesser: 85,8 cm – Inv.-Nr. WAF 500 – Erworben 1827 aus der Sammlung Boisserée

Dargestellt ist die thronende Madonna als Himmelskönigin mit den hll. Katharina, Barbara, Agnes und Apollonia. Wie der unbekannte Maler die Komposition in das Rund einfügt, zeugt von einem ausgeprägten Sinn für Dekoratives. Die schematischen Gesichter verraten einerseits, daß der Maler in einer Zeit sein Handwerk lernte, bevor Stephan Lochner in der Rheinmetropole auftrat, die musizierenden Engel andererseits, daß Lochner bereits in der Stadt präsent war. Der Tondo stammt der Überlieferung zufolge aus dem 1802 aufgehobenen Kölner Zisterzienserkloster Mariaegarten.

Stefan Lochner
(Meersburg um 1410 – Köln 1451)

Außenseiten eines Flügelretabels. Um 1440/50

Holz, 120 x 161 cm (Gesamtmaß) – Inv.-Nr. WAF 501, WAF 502 – Erworben 1827 aus der Sammlung Boisserée

Dargestellt sind auf den beiden Flügeln die hll. Antonius der Eremit (mit Glocke), Papst Cornelius (mit Horn, lateinisch cornu, in Anspielung auf seinen Namen), Maria Magdalena (Salbgefäß), Katharina (Schwert und Rad), Hubertus (Hirsch) und Quirin von Neuß (Banner mit neun Kugeln in Anspielung auf den lateinischen Namen Neuß: Novesium). Im Vordergrund knien in demütig-gewollter Verkleinerung zwei nicht identifizierbare Stifter, in den Ecken der Tafeln sind ihre Wappen angebracht. Der gesamte Hintergrund war ursprünglich blau. Die Tafeln waren einst zweiseitig bemalt: Auf der Vorderseite befanden sich Darstellungen des Martyriums der Zwölf Apostel (Frankfurt). Im frühen 19. Jahrhundert zersägte man sie – noch in Köln – entsprechend in zwölf Teile. Später trennte man die Rückseiten ab und fügte unsere Heiligenreihe wieder zusammen. Die Tafeln dienten vermutlich als Flügel des ebenfalls aus St. Laurenz stammenden Jüngsten Gerichtes (Köln), das dieselben Stifterwappen aufweist.
Lochners Figuren sind stets etwas zu leicht, mit wenig Bodenhaftung. Ihre plastische Präsenz wird vor allem durch ein raffiniertes Spiel von Licht und Schatten erreicht, weniger durch Körperschwere. Die Männer mit ihrem teils müden, teils in sich gekehrten Blick, die Frauen mit rundlichen Köpfen, kleinen Mündern und – Haare haben Lochner stets interessiert – immer blond. Mit deutlich sprechendem Blick – schnippisch geradezu – die Maria Magdalena. Die Stoffe der Figuren sind treffend charakterisiert, die weichfallenden Gewänder werden jedoch eindeutig

von der schönen Linie bestimmt. Lochner scheint hier die Stilhaltung des ersten Jahrhundertviertels zu bevorzugen. In der Detailgenauigkeit der kostbaren Accessoirs verrät sich seine niederländische Schulung.

Gabriel Angler

(tätig zwischen 1440 und 1460)

Kalvarienberg und die hll. Koloman, Quirin, Kastor und Chrysogonus. Um 1440

Holz, 186 x 294 cm – Inv.-Nr. 1438 – Erworben 1803 als Säkularisationsgut aus Tegernsee

Gabriel Angler, ein Zeitgenosse Stephan Lochners, ist erst seit wenigen Jahren identifiziert. Früher wurde er nach seinem Hauptwerk, der »Tabula magna« (große Tafel) vom Hochaltar der uralten Benediktinerklosterkirche St. Quirinus, benannt (heute: München, Nürnberg, Berlin). Der Kalvarienberg stand vor dem Lettner, war also für die Gemeinde bestimmt. Bedeutende Kirchenheilige flankieren die breitgelagerte Mittelszene: Der irische Pilger Koloman, der Steinmetz und Märtyrer Kastor (links), der römische Kaiserssohn Quirinus, der römische Lehrer und Märtyrer Chrysogonus in Gelehrtentracht (rechts). Von drei der Heiligen besaß die Kirche seit dem 8. bzw. 11. Jahrhundert Reliquien; die Koloman-Verehrung kam erst im 15. Jahrhundert mit der Melker Klosterreform nach Tegernsee. Die Farbigkeit der Tafel ist ungewöhnlich: Figuren und Rahmen sollten mit Mitteln der Malerei Stein imitieren, um sich dem Standort anzupassen. Akzentuiert sind lediglich Fleischtöne, Haare und Metallteile. Die altertümlich aufgebrochene Bodenzone, die in perspektivischer Verkürzung gesehenen Pferde oder die Rückenfigur unter dem linken Schächerkreuz sind ohne die direkte Erfahrung der oberitalienischen Kunst des 14. Jahrhundert nicht denkbar. Angler kannte sich dort aus – ist doch bekannt, daß er zum Farbenkauf nach Venedig reiste.

Meister der Pollinger Tafeln
(tätig um 1440/50)

Flügel des Kreuzaltars aus Polling. Um 1440/50

Holz, jeweils 219 x 87,5 cm – Inv.-Nrn. 1368, 1369 – Erworben 1804 als Säkularisationsgut aus Polling

Aus der Frühzeit Bayerns: Herzog Tassilo III. (reg. 748–788) stößt bei der Jagd auf eine Hirschkuh, die während der Hatz – plötzlich bar aller Angst – innehält und zu scharren beginnt. Zutage treten drei Kreuze, die im Beisein eines herbeigeholten Bischofs ausgegraben werden. Tassilo gelobt, an dieser Stelle nahe dem Ort Polling ein Kloster zu Ehren des Heilandes und des Heiligen Kreuzes zu bauen. Der reichbetextete Bildroman richtete sich an die gebildeten Augustinerchorherren des Stiftes wie auch an des Lesens unkundige Wallfahrer, die von überallher kamen, um das Kreuz zu verehren. Er »erklärte« die fürstliche Gründung des Klosters wie auch die Herkunft des »uralten« Kreuzes, das in einem Schrein zu sehen war, den die bemalten Flügel verschlossen. Das Tafelkreuz befindet sich noch heute in Polling und wird von der modernen Kunstgeschichte auf 1230 datiert.

Meister des Marienlebens
(tätig in Köln ca. 1460 – 1490)

Geburt Mariae. Um 1460/65

Holz, 85,6 x 109,5 cm – Inv.-Nr. WAF 619 – Erworben 1827 aus der Sammlung Boisserée

Die Tafel gehört zu einer Folge von Gemälden, deren ursprüngliche Anzahl nicht bekannt ist (sieben in München, eine in London). Sie hingen einst – entweder einzeln oder als Gruppe gerahmt – in der Kölner Kirche St. Ursula. Die Geburt Mariens ist die anrührendste und reifste der Folge. Hier kann der unbekannte Kölner Maler sein ganzes Können ausspielen, das er sich auf der Wanderschaft in den Niederlanden und beim Studium entsprechender Werke in seiner Heimatstadt erworben hat (siehe Rogier van der Weydens Altar in St. Columba). Dies zeigt sich sowohl in den Details des Innenraumes: Möbel, Kannen, Schachteln, selbst die achtlos beiseitegeschobenen Trippen vor dem Bett sind getreu wiedergegeben, als auch im genrehaften Element: in dem typischen Treiben in der Wochenstube, vom Versorgen des Neugeborenen – der Vorbereitung des Bades, der Windeln und der Tücher – bis zur Betreuung der geschwächten Mutter Anna. In der deutschen Malerei der Zeit gibt es keine Parallele für derart feine Beobachtung. Kölnisch dagegen die Zerbrechlichkeit und Zartheit der Figuren, das bisweilen Hölzerne der Bewegungen. Der Raum, der so überzeugend mit der perspektivischen Fliesenlage beginnt, hat keine Wände, sondern endet im Blattgold. Es ist durchaus denkbar, daß dies der besondere Wunsch des Auftraggebers war, des Ratsherrn und Bürgermeisters Johann von Hirtz (gest. 1481), der seine Stiftung auch im Material kostbar erscheinen lassen wollte.

Hans Pleydenwurff
(Bamberg [?] um 1420 – Nürnberg 1472)

Hofer Altar. 1465
Holz, 178 x 451 cm (Gesamtmaß) – Datiert – Inv.-Nr. 663, 664, 666, 670 – Erworben vor 1816 als Geschenk der Hofer Bürgerschaft an König Max I. Joseph

Hans Pleydenwurff vertritt in der Alten Pinakothek die Vor-Generation der Lehrer Albrecht Dürers. Er war aus Bamberg zugewandert und erhielt 1457 in der Reichsstadt Nürnberg das Bürgerrecht. Nach seinem Tode ehelichte Michael Wohlgemut seine Witwe und übernahm die Werkstatt, in der ab 1486 Albrecht Dürer lernte und litt, nachdem er die Goldschmiedelehre bei seinem Vater abgebrochen hatte. Den Flügelaltar malte Pleydenwurff 1465 für den Hochaltar der Michaelskirche in Hof. Die Abbildung zeigt die Kreuzigung und Kreuzabnahme Christi, die mittleren zwei der vier Tafeln, die als zweite Schauseite des Flügelretabels zu sehen waren (nicht abgebildet: Christus am Ölberg und Auferstehung). Öffnete man die Flügel, wurden die Verkündigung und die Geburt Christi sichtbar, und man blickte auf einen vergoldeten Schrein mit Schnitzfiguren. Waren die Flügel geschlossen, sah man den Kirchenpatron, den Erzengel Michael mit den Aposteln Bartholomäus und Jakobus. Wie der Meister des Marienlebens weist Pleydenwurff deutliche Einflüsse der niederländischen Kunst auf. Beide Künstler benutzen die Anregungen, um die erlernte Kunst heimischer Tradition zu bereichern und weiterzuentwickeln, und kommen dabei zu völlig unterschiedlichen Ergebnissen.

Michael Pacher
(Bruneck/Pustertal [?] um 1435 – Salzburg 1498)

Martyrium des hl. Laurentius. Um 1465/70

Holz, 102 x 99 cm – Inv.-Nr. 5306 – Erworben 1812 als Säkularisationsgut aus dem Augustinerchorherrenstift Neustift bei Brixen

Der heilige Diakon Laurentius wurde der Legende nach auf einem Rost gebraten und fand halbtot noch die Kraft, seine Peiniger zu verspotten: Sie sollten ihn doch wenden, um alle Seiten zu garen, rief er ihnen zu. Die Tafel gehört zum frühesten erhaltenen Altarwerk des Südtiroler Bildschnitzers und Malers. Es entstand für die Laurentiuskirche in St. Lorenzen im Pustertal. Im Zuge der Barockisierung im 17. Jahrhundert wurde das Retabel abgebaut und zerteilt. Allein die geschnitzte Madonna aus dem Schrein blieb am Ort. Die vier Szenen der Laurentiuslegende waren bei geschlossenen Altarflügeln zu sehen (Innenseite: Mariengeschichte). Michael Pacher vereint die spätgotische Tradition mit den Errungenschaften der italienischen Frührenaissance. Sein direkter Kontakt mit Werken Mantegnas ist in der Behandlung von Figuren- und Perspektivproblemen nachweisbar. Die Lösungen, die er findet, bleiben der Malerei nördlich der Alpen noch Jahrzehnte verschlossen.

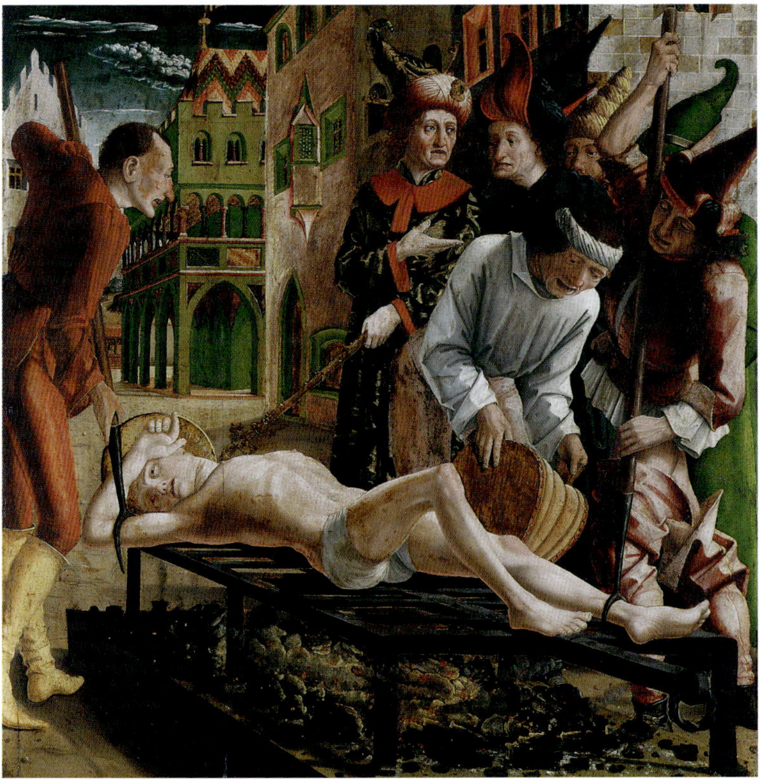

Michael Pacher
(Bruneck/Pustertal [?] um 1435 – Salzburg 1498)

Kirchenväteraltar. Um 1480
Holz, 216 x 380 cm (Gesamtmaß) – Inv.-Nrn. 2597–2600 – Erworben 1812 als Säkularisationsgut aus Neustift bei Brixen

Der ehemalige Hauptaltar der Augustinerchorherrenstiftskirche Neustift bei Brixen ist ein vollständig gemaltes Retabel, ohne geschnitzten Schrein wie die anderen Werke Pachers. Aber als wollte er auf seine Zweitbegabung hinweisen, ahmt der Künstler mit Mitteln der Malerei einen plastischen Schrein nach – merkwürdigerweise nicht aus Holz geschnitzt, sondern eher wie aus Stein gehauen. Die Malerei kann eben alles, so könnte man Pachers virtuoses Statement deuten. Dargestellt sind die vier wichtigsten Lehrer der westlichen Kirche. Die als Attribute aufgefaßten Details aus ihrer Legende machen sie erkenntlich: Hieronymus mit dem Löwen, dem er einen Dorn aus der Pfote zog, woraufhin ihm das Tier zeitlebens diente. Augustinus mit dem Kind, das ihm durch ein Gleichnis zu verstehen

gab (es wollte das Meer mit einem Löffel ausschöpfen), wie unmöglich es sei, das Geheimnis der Dreifaltigkeit zu verstehen. Papst Gregor der Große mit dem Kaiser Trajan, den er durch ein Gebet aus dem Fegefeuer erlöste. Ambrosius mit einem Kind, das in einem Streit zwischen Arianern und Katholiken seine Wahl zum Bischof forderte. Alle sind mit den Utensilien ihrer Gelehrsamkeit und Schriftstellerei umgeben. Die Quelle, aus der sie schöpfen, ist die göttliche Inspiration, die in Gestalt der Taube des Heiligen Geistes erscheint. Pacher gab hier sein Bestes: Die engen Bildräume unter den ausladenden Baldachinen werden durch die perspektivischen Bodenfliesen nachmeßbar. Die Lichtführung von rechts ist konsequent durchdacht. Vor allem sind es die kleinen perspektivischen Details, die den Kenner des 15. wie des 21. Jahrhunderts staunen machen: die Lesepulte, die Kinderwiege, die vorstoßende Handgebärde des Augustinus, vor allem die wunderbare Taube über seinem Haupt. Merkwürdigerweise endete mit diesem Werk Pachers Tätigkeit für Südtirol.

Meister der heiligen Sippe
(tätig in Köln Ende des 15./Anfang des 16. Jahrhunderts)

Legende des heiligen Eremiten Antonius. Um 1500/10

Holz, 108,2 x 190,1 cm – Inv.-Nr. WAF 452 – Erworben 1827 aus der Sammlung Boisserée

Das seltene Thema der Tafel erklärt sich durch den Bestimmungsort, die Kölner Kirche der Antoniter, die von ihrem Präzeptor Wenceslaus Ulner gestiftet worden war. Im Vordergrund steht die Begegnung des neunzigjährigen Antonius mit Paulus von Theben an der Quelle vor dessen Zelle, ein Rabe bringt beiden Brot. Die Szenen links im Hintergund behandeln Ereignisse vor dieser Begegnung: der Weg in die Wüste, verschiedene Versuchungsszenen, das Begräbnis des hl. Paulus. Rechts posthume Ereignisse, u.a. die Überführung des Leichnams des Antonius aus Ägypten durch Bischof Theophilus. Die panoramaartige Anlage des Bildes mit hochliegendem Horizont ist von der niederländischen Kunst beeinflußt (s. Memling).

Martin Schongauer
(Colmar um 1450 – Breisach 1491)

Heilige Familie. Um 1475/80

Holz, 26 x 17 cm – Inv.-Nr. 1132 – Aus der Zweibrücker Galerie

Die Darstellung knüpft an den Aufbruch zur Flucht nach Ägypten an, im Vordergrund steht jedoch das selbständige Motiv der thronenden Maria, die ihrem Kind eine unheilabwehrende Wegwarte reicht.

Meister des Bartholomäusaltars
(tätig in Köln im letzten Viertel des 15. und im ersten Jahrzehnt des 16. Jahrhunderts)

Bartholomäusaltar. Um 1500/05
Holz, 129 x 309 cm (Gesamtmaß) – Inv.-Nr. 11863–11865 – Erworben 1827 aus der Sammlung Boisserée

Die abgebildete Tafel ist die mittlere eines Flügelretabels, nach dem der unbekannte Maler seinen Namen erhielt. Dargestellt sind die hll. Agnes, Bartholomäus und Caecilia mit einem knienden Kartäuser. Auf den (nicht abgebildeten) Flügeln sind die hll. Johannes der Evangelist, Margaretha, Jakobus d. J. und Christina zu sehen. Der Bestimmungsort des Retabels läßt sich nicht mit letzter Sicherheit klären: In den oberen Ecken befinden sich Hausmarke bzw. Wappen des Arnt von Westerburg und seiner Frau Druitgen von Andernach. Der kniende Kartäuser wäre demnach nicht der Stifter der Tafel, jedoch hatten beide Familien Beziehungen zum Kölner Kartäuserkloster. Erworben wurde der Altar jedoch von den Boisserée aus der Columbakirche. Der wohl in den Niederlanden geschulte anonyme Maler war über Jahrzehnte als unverwechselbare Gestalt in Köln tätig. Seine Figuren sind stets von kräftiger plastischer Präsenz und Schwere, eine Vorliebe für bestimmte Typen fällt auf: mit rundlichen Köpfen und kleinen Mündern die Frauen, etwas düster blickend die Männer. Die ikonographisch oft überraschenden Lösungen und eine gewisse Drastik, nicht zuletzt die hohe Malkultur des Künstlers waren offenbar gefragt in Köln. Sein Können als Landschaftsmaler wird wie in der abgebildeten Tafel oft nur angedeutet und durch einen Vorhang verborgen.

Hans Holbein d. Ä.
(Augsburg um 1465 – am Oberrhein 1524)

Sebastiansaltar. 1516

Holz, 153 x 200 cm (Gesamtmaß) – Inv.-Nr. 669, 5352, 668 – Erworben 1809 als Säkularisationsgut aus der Jesuitenkirche St. Salvator in Augsburg

Sebastian, Kohortenführer Kaiser Diokletians, pflegte als Christ Märtyrern im Tode beizustehen. Als dies der Kaiser hörte, sprach er über ihn das Todesurteil aus. Sebastian wurde an einen Pfahl gebunden und mit Pfeilen beschossen, »daß er stund gleich einem Igel« (Legenda aurea). Wenige Tage später sah man den Heiligen wieder – wunderbar gesundet – vor dem Kaiserpalast stehen, um die Christenverfolgung anzuprangern. Sebastian wurde schließlich erschlagen, sein Leichnam in die Kanalisation Roms geworfen. Dies ist im Hintergrund der Mitteltafel gezeigt. Auf den Flügeln sieht man die hll. Barbara und Elisabeth (auf den Außenseiten die Verkündigung). Die Heiligen wurden als Patrone gegen Krankheit bzw. für den »guten Tod« angerufen, Sebastian speziell als Pestpatron. Auch der gläubige Künstler vertraute sich ihnen an: Er hat sich rechts neben der hl. Elisabeth als Bärtiger dargestellt. Holbein schuf mit diesem Werk – man vergleiche den Kaisheimer Altar von 1502 (Erdgeschoß der Alten Pinakothek) – ein reifes Renaissanceretabel. Die nahsichtige großfigurige Komposition und die realistischen Gestalten des Vordergrundes sorgen für eine konzentrierte Unmittelbarkeit, das Ornament ist antikisch, das Kolorit aufgehellt. Probleme der räumlichen Darstellung – man beachte z.B. das widersprüchliche Verhältnis der flügelübergreifenden Landschaft zu den wie eingestellt wirkenden Renaissancerahmen – sind

Anzeichen für die Krise des mittelalterlichen Kirchenmöbels, dessen Ende naht.

Albrecht Dürer

(Nürnberg 1471 – Nürnberg 1528)

Bildnistriptychon Oswolt Krel. 1499

Holz, 49,7 x 71 cm (Gesamtmaß) – Inv.-Nr. WAF 230, 230a, 230b – Erworben 1828 aus der Sammlung Oettingen-Wallerstein

Oswolt Krel weilte zwischen Januar 1499 und August 1500 als Rechnungsführer der Großen Ravensburger Handelsgesellschaft in Nürnberg. In dieser Zeit ließ er sich von Dürer porträtieren. Der stechend-prüfende Blick, den Dürer dem Dargestellten gab, und der energische Griff der Linken in den Pelz bezeugen das Bestreben, Persönlichkeit und Beruf des Dargestellten zu charakterisieren. So sollte ein Rechnungsführer aussehen. Dürer wählte einen traditionellen Bildnistypus, den er in diesem Jahr mehrfach erfolgreich verkaufen konnte. In allen Fällen hinterfängt ein Vorhang die Gestalt, an der Seite bleibt ein schmaler Ausblick in eine Landschaft. Die wie bei einem Flügelaltar montierten »Wilden Leute« halten die Wappen Krels (gebogene Krallen) und seiner Frau, der Agathe von Essendorf. »Wilde Leute«, das waren sagenhafte Gestalten, nach mittelalterlicher Vorstellung Nachfahren des Kain, zurückgezogen lebende Naturwesen mit Zottelfell, die sich dann und wann mit Rittern schlugen. Besonders die Spätgotik liebte das Motiv, das in Buchminiaturen und auf Wandteppichen, in Holz geschnitzt und als Bauschmuck in Kirchen sowie in der Graphik zu finden ist. Nicht sicher zu klären ist, ob die seit 1911 bestehende Montage der Wappenhalter als Flügel ihrer ursprünglichen Funktion entspricht. Es ist sehr wohl möglich, daß die Täfelchen wie ein Schiebedeckel eine Kassette verschlossen, in der das Bildnis aufbewahrt wurde.

Albrecht Dürer
(Nürnberg 1471 – Nürnberg 1528)

Paumgartner-Altar. Um 1500

Holz, ca. 157 x 250 cm (Gesamtmaß) – Monogrammiert – Inv.-Nr. 701, 706, 702 – Erworben 1613 von Herzog Maximilian I. von Bayern aus der Katharinenkirche in Nürnberg

Auf der Mitteltafel die Anbetung des Jesuskindes durch Maria, Joseph und die Hirten, im Vordergrund knien die Familie Paumgartner und der zweite Gemahl der Barbara Paumgartner, Hans Schönbach. Auf den Flügeln erscheinen in Gestalt der hll. Georg und Eustachius die Brüder Stephan und Lukas Paumgartner ein zweites Mal. Dürer hat die Anbetung des Kindes entsprechend der Legenda aurea in einen überdachten Durchgang zwischen zwei Häusern plaziert. Die Anlage der Architektur belegt, daß Dürer sich bereits mit theoretischen Problemen der Perspektive beschäftigte. Der Paumgartner-Altar stand einst an der Ostwand des südlichen Seitenschiffes der zum Dominikanerinnenkloster gehörigen Katharinenkirche in Nürnberg.

Albrecht Dürer
(Nürnberg 1471 – Nürnberg 1528)

Selbstbildnis im Pelzrock. 1500

Holz, 67,1 x 48,9 cm – Signiert und datiert – Inv.-Nr. 537 – Erworben 1805 durch die Zentralgemäldegaleriedirektion

Dürers Selbstdarstellung von 1500 ist in jeder Hinsicht außergewöhnlich. Neu in der noch jungen Porträtkunst ist die strenge Frontalität, die in ihrer Idealisierung an Chris-

stusdarstellungen erinnert: die im Spätmittelalter zahlreich kursierenden Exemplare des »Wahren Antlitzes Christi« (vera icon) oder auch Darstellungen des halbfigurigen Heilandes. Gleichzeitig ist das Selbstbildnis nicht zu trennen von den Studien zur menschlichen Proportion, die Dürer als erster Künstler nördlich der Alpen in dieser Zeit begann. Durch die Betonung des Gesichtes und der Hand werden die wesentlichen Werkzeuge seiner Kunst zum Thema: das Sehen und schöpferische Tun (»Hand« dient in seinen Schriften oft als Metapher für »Kunst«). Wir haben ein komplexes künstlerisches Programmbild vor uns. Darauf deutet auch die große lateinische Inschrift, die das schöpferische Arbeiten mit Farben, das Material des Malers, betont: »So schuf ich, Albrecht Dürer aus Nürnberg, mich selbst mit charakteristischen Farben im Alter von 28 Jahren.«

Albrecht Dürer
(Nürnberg 1471 – Nürnberg 1528)

Beweinung Christi. Um 1500
Holz, 151,9 x 121,6 cm – Inv.-Nr. 704 – Erworben zwischen 1598 und 1607 von Herzog Maximilian I. von Bayern

Die sogenannte Glimsche Beweinung ist das Epitaph des Nürnberger Goldschmiedes Albrecht Glim und seiner im Jahre 1500 verstorbenen Frau Margret Holtzmann. Beide sind mit zwei Söhnen und einer Tochter verkleinert im Vordergrund zu sehen. Die Ausrichtung der Komposition nach links könnte mit der Anbringung an einem Pfeiler in der Nürnberger Predigerkirche zusammenhängen.

Albrecht Dürer
(Nürnberg 1471 – Nürnberg 1528)

Die Vier Apostel. 1526

Holz, 213 x 152,5 cm (Gesamtmaß) – Monogrammiert und datiert – Inv.-Nr. 545, 540 – Erworben 1627 durch Kurfürst Maximilian I. in Nürnberg

Dargestellt sind in dem engen, einheitlichen Raum der zwei Tafeln vier knapp überlebensgroße Gestalten: Johannes, Petrus, Markus und Paulus. Die schmale Inschriftenleiste zu ihren Füßen ist Bestandteil des Bildes. Sie enthält im einleitenden Satz die Aufforderung an die »weltlichen regenten«, das reine Bibelwort zu achten und sich vor religiösen Verführern, »falschen Propheten«, zu hüten. Diese »warnung« wird mit Zitaten aus den Schriften der Dargestellten untermauert. Die äußere Erscheinung der heiligen Männer, ihre unterschiedlichen Temperamente, visualisieren die Stimmung der geschriebenen Worte: jähe Wachsamkeit und drohendes Beobachten auf der einen Seite, gelassene Konzentration auf das Bibelwort auf der anderen. Dürers Hauptwerk der Spätzeit erklärt sich im Zusammenhang mit der 1525 eingeführten Reformation in Nürnberg. Der Künstler schenkte es dem Rat seiner Vaterstadt.

Lucas Cranach d. Ä.

(Kronach 1472 – Weimar 1553)

Kreuzigung Christi. 1503

Holz, 138 x 99 cm – Datiert – Inv.-Nr. 1416 – Erworben 1804 als Säkularisationsgut

Die Kreuzigung Christi gehört zu den frühesten Werken des älteren Cranach. Sie entstand vermutlich auf der Wanderschaft nach seiner Wiener Zeit an einem unbekannten Ort, kurz bevor der Künstler zum sächsischen Hofmaler Friedrichs des Weisen berufen wurde. In seinem ersten großen Altargemälde gibt der Einunddreißigjährige eine eindruckvolle Probe seiner schöpferischen Kraft. Denn anders als in traditionellen Darstellungen des Themas mit bildparallelem Aufbau, werden die Kreuze hier wie für ein perspektivisches Lehrstück schräg in den Raum gestellt. Atemberaubend geradezu in seiner Verkürzung der Schächer am linken Bildrand. Zum Mittelpunkt des Bildes wird die mit dem Sohn leidende Mutter Maria.

Lucas Cranach d. Ä.

(Kronach 1472 – Weimar 1553)

Selbstmord der Lucretia. 1524 (?)

Holz, 194 x 75 cm – Cranach-Signet – Inv.-Nr. 691 – Aus der Kammergalerie Kurfürst Maximilians I.

Die Geschichte der Lucretia hat gleichermaßen eine moralische und eine weltgeschichtliche Dimension. Die durch den Königssohn Sextus Tarquinius Vergewaltigte beging aus Scham Selbstmord. Der Anfang vom Ende der Königsherrschaft in Rom wurde damit eingeleitet.

Lucas Cranach d. Ä.
(Kronach 1472 – Weimar 1553)

Das Goldene Zeitalter. Um 1530

Holz, 73,5 x 105,5 cm – Inv.-Nr. 13175 – 1961 aus Staatsbesitz überwiesen

In friedlichem Reigen umtanzen Männer und Frauen einen prallen Obstbaum. Es gibt keine Sorgen, weder Krankheit noch Alter, keine falsche Scham, keinen Streit, nur Harmonie und entspanntes Dasein. Mensch und Tier leben einträchtig in dem geschützten Garten nebeneinander – ein goldenes Zeitalter. Diese Utopie von der Vergangenheit basiert auf antiken Quellen, die in der Renaissance als Stoff für bildliche Darstellungen wiederentdeckt wurden. Nach Hesiod folgten dem goldenen Zeitalter ein silbernes, ehernes und eisernes. Die Menschen des Goldenen lebten nach dem Willen Zeus' als gute Geister weiter. Ein Auftraggeber für die Tafel ist nicht bekannt.

Lucas Cranach d. Ä.
(Kronach 1472 – Weimar 1553)

Kardinal Albrecht von Brandenburg vor dem Gekreuzigten. 20er Jahre des 16. Jahrhunderts

Holz, 158 x 112 cm – Inv.-Nr. 3819 – Erworben 1829 aus der Stiftskirche Aschaffenburg

Er hatte viele Titel: Markgraf von Brandenburg, Erzbischof von Mag-

deburg, Administrator des Bistums Halberstadt, Erzbischof und Kurfürst von Mainz, Kardinal – ein bedeutender Kunstmäzen. Cranach zeigt ihn auf einem großen Kissen vor dem Gekreuzigten kniend. Doch ist dies keines der üblichen Stifterbilder, nicht die Einbeziehung in das historische Ereignis ist das Ziel, der Gekreuzigte ist eher zeichenhaft als realistisch in seiner Verkleinerung und als memoratives Element der Passionsmeditation des Dargestellten zu verstehen. So erklärt sich auch der in die Ferne gehende Blick des Kardinals. Grundlage für dessen Bildnis war ein Stich Albrecht Dürers. Cranach erweist sich in diesem Gemälde als außerordentlicher Kolorist. Das rote Gewand, das gegen die dunkle Umgebung kontrastiert, entfaltet in seiner verselbständigten Flächigkeit eine geradezu moderne Wirkung. Der Bildtypus fand als Epitaph eine Nachfolge bis ins 18. Jahrhundert.

Hans Burgkmair
(Augsburg 1473 – Augsburg 1531)

Johannesaltar. 1518

Holz, 153 x 220 cm (Gesamtmaß) – Signiert und datiert – Inv.-Nr. 21, 685, 20 – Aus der Kammergalerie Kurfürst Maximilians I.

Das Flügelretabel zeigt Johannes auf Patmos in dem Augenblick, als ihm die Geheime Offenbarung zuteil wird (Apokalypse), auf dem linken Flügel den hl. Erasmus, rechts den hl. Martin. Eine phantasievolle tropische Landschaft erstreckt sich über alle drei Tafeln. Die Kenntnis der Vegetation konnte Burgkmair aus der Druckgraphik, vielleicht auch in den Gärten der Fugger erwerben. Auf den abgetrennten Außenseiten der Flügel sind die beiden Johannes dargestellt. Im frühen 17. Jahrhundert wurde der Altar erheblich verändert. Die Tafeln wurden angestückt (vom Rahmen verdeckt), das obere Laubwerk und einige Tiere übergangen, das Gewand des Erasmus sowie die Muttergottes-Erscheinung erneuert.

Albrecht Altdorfer

(Regensburg [?] um 1480 – Regensburg 1538)

Geburt Mariae. Um 1520

Holz, 140,7 x 130 cm – Inv.-Nr. 5358 – Erworben 1816 vermutlich aus Schloß Leopoldskron/Salzburg

Altdorfer verlegt die stets in Innenräumen spielende Szene in das Seitenschiff einer Kirche. Dem zeitgenössischen Betrachter bereitete das Bett in einer Kirche kein Kopfzerbrechen, er wußte vermutlich, daß sich dieses durch den Altartitel (Annenaltar?) erklärte. Die Architektur erscheint aufgrund der Schrägansicht komplizierter als sie ist: Der große Engelreigen, der sich tanzend um die Pfeiler der Kirche dreht, erweist sich hier als raumerschließendes und -klärendes Element. Die angeschnittene Gestalt des vom Einkauf heimkehrenden Joachim vermittelt zum Betrachter. Gezeigt wird eine Architektur in Renaissanceformen. Besonders die muschelartig abschließenden Apsiden nehmen die allerjüngste Entwicklung auf, wie Altdorfer sie in seiner Heimatstadt im Modell Hans Hiebers für die Wallfahrtskirche »Zur Schönen Maria« studieren konnte, wenn nicht überhaupt Altdorfer, ab 1526 Regensburger Stadtbaumeister, diese mit beeinflußte.

Albrecht Altdorfer

(Regensburg [?] um 1480 – Regensburg 1538)

Susanna im Bade. 1526

Holz, 74,8 x 61,2 cm – Monogrammiert und datiert – Inv.-Nr. 698 – Aus der herzoglichen Kunstkammer in München, seit 1598 nachweisbar

Anders als spätere Darstellungen des Themas zeigt Altdorfer nicht den Augenblick des Überfalls der beiden Ältesten der babylonischen Gemeinde auf die schöne Ehefrau des reichen Jojakim (Daniel 13). Man sieht ein Vorher und ein Nachher: Links liegen die Männer in atemloser Erwartung unter einem Baum, rechts auf der Terrasse vor dem prächtigen Palast werden sie bereits zur Strafe für ihre Verleumdung gesteinigt. Vor dem seitlichen Anbau des Palastes der erleuchtete Daniel, der Susanna rettet. In der Mitte die Idylle der Ahnungslosen vor der Tat: Susanna, die von ihren Mägden umsorgt wird. Der Palast ist ein Meisterwerk visionärer künstlerischer Kraft. Altdorfer schuf die erste doppeltfluchtende konstruierte Perspektive in der deutschen Kunst. Anregungen aus italienischen Stichen sind verarbeitet. Eine Vorstudie hat sich erhalten (Düsseldorf), die in Details leicht abweicht, jedoch allem Anschein nach mit Hilfe einer Quadrierung auf die Tafel übertragen wurde.

Albrecht Altdorfer

(Regensburg [?] um 1480 – Regensburg 1538)

Die Alexanderschlacht. 1529

Holz, 158,4 x 120,3 cm – Signiert und datiert – Inv.-Nr. 688 – Aus der herzoglichen Kunstkammer in München

Die Schlacht zwischen Alexander dem Großen und dem Perserkönig Darius III. bei Issos im Jahre 333 v. Chr. stoppte das Vordrängen der Perser. Altdorfer zeigt die Entscheidung: Darius wendet sich zur Flucht, Alexander nimmt die Verfolgung auf. Der Maler geht mit seiner Bildsprache weit über die Ereignisschilderung hinaus: Der Mond des frühen Morgens und die untergehende Abendsonne geben die zeitliche Dimension der Schlacht an, die Vogelschau über das Mittelmeer mit Zypern und Ägypten zeigt die weltgeschichtliche Dimension. Das Wogen der kämpfenden Massen scheint sich im aufgewühlten Gewölk zu spiegeln, doch der Himmel klärt sich – wie die Situation. Das Gemälde ist Teil des Historienzyklus, den Herzog Wilhelm IV. und Jacobaea von Baden anfertigen ließen.

Matthias Grünewald
(Würzburg [?] um 1475/80 – 1528/31)

Die hll. Erasmus und Mauritius. Um 1520/24

Holz, 226 x 176 cm – Inv.-Nr. 1044 – Erworben Anfang des 19. Jahrhunderts aus der Stiftskirche in Aschaffenburg

Albrecht von Brandenburg ließ ab 1520 das Neue Stift in Halle ausstatten. Zahlreiche Altäre – u.a. aus der Cranach-Werkstatt – entstanden, die der Auftraggeber 1541 bei Vordringen der Reformation nach Aschaffenburg überführen ließ. Grünewalds Tafel stand auf dem Altar des Titelheiligen der Kirche, St. Mauritius. Sie zeigt dessen Begegnung mit dem hl. Erasmus, wie sie in dieser Form historisch gar nicht stattfinden konnte. Die Beziehung ergibt sich in einer zweiten Sinnschicht: Albrecht hatte 1516 den Erasmus-Kult in Halle eingeführt, der Heilige trägt seine Züge. Mauritius, den der Künstler nach dem Vorbild der 1520/21 aufgestellten Statue der Stiftskirche gestaltete, war nicht nur Titelheiliger der Kirche, sondern auch Patron des Reiches, dessen mächtigster Kurfürst Albrecht war. Politik und Religion spiegeln sich im Kunstwerk.

Hans Baldung gen. Grien
(Schwäbisch-Gmünd 1484 oder 1485 – Straßburg 1545)

Geburt Christi. 1520

Holz, 105,5 x 70,4 cm – Monogrammiert und datiert – Inv.-Nr. 6280 – Erworben 1814 aus der Stiftskirche in Aschaffenburg

In einer Palastruine findet das Wunder der Geburt Jesu statt: Maria und Joseph beten das Neugeborene an, von dem ein unwirkliches Licht auszugehen scheint. Es erleuchtet den gesamten Raum. Kleine Engel singen, Ochs und Esel sind Zeugen (Isaias 1,3). Im Hintergrund fällt der Blick durch einen türlosen Durchgang auf die Hirten, denen der Engel soeben die Frohe Botschaft mitteilt. Der Stern von Bethlehem ist links als sonnenartige Scheibe dargestellt. Die Gestaltung des Bildes ist ungewöhnlich, der Zugang im doppelten Wortsinn schwierig, denn ein starker Pfeiler versperrt den Blick. Das Kind muß man erst suchen – und vielleicht liegt darin der tiefere Sinn. Die Behandlung des Themas als Nachtstück steht in niederländischer Tradition und kommt bereits im Freiburger Hochaltar Baldungs vor. Wie Grünewalds Erasmus-Mauritius-Tafel gehörte wahrscheinlich auch Baldungs Gemälde zur ehemaligen Ausstattung des Neuen Stiftes in Halle.

Hans Suess von Kulmbach
(Kulmbach um 1480 – Nürnberg 1522)

Markgraf Casimir von Brandenburg. 1511

Holz, 43 x 31,5 cm – Monogrammiert und datiert – Inv.-Nr. 9482 – Erworben 1928 im Kunsthandel

Als Dreißigjähriger ließ sich Markgraf Casimir (1481–1527) vom Dürerschüler Kulmbach porträtieren. Er trägt einen Nelkenkranz über der Goldhaube, die – wie die Kette um seinen Hals – als Emblem eine Lichtschere mit zwei sich umfassenden Händen zeigt. Auf dem Latz sieht man einen gestickten Pelikan, der sich die Brust aufhackt, um die Jungen mit seinem Blut zu ernähren (bekannt als Symbol für den Erlösertod Christi), auf dem Mantel Halbmonde, Darstellungen der Winde und Sterne. Vielleicht diente das Bildnis zur Brautwerbung, vielleicht wollte sich der Markgraf damit beim bayerischen Hofe in Erinnerung halten: 1504 war ihm die Tochter Albrechts IV., Susanna, versprochen worden, die er 1518 heiratete.

Hans Baldung gen. Grien
(Schwäbisch-Gmünd 1484 oder 1485 – Straßburg 1545)

Pfalzgraf Philipp der Kriegerische. 1517

Holz, 41,5 x 30,8 cm – Monogrammiert und datiert – Inv.-Nr. 683 – Aus Schloß Neuburg an der Donau

Philipp (1503–1548) war der jüngere Bruder des Pfalzgrafen und späteren Kurfürsten Ottheinrich. Baldung charakterisiert ihn als jungen Mann, dessen mißtrauisch-scheuer Blick nicht über seine Tatkraft hinwegtäuscht. Seine Devise lautete: »Nichts unversucht« – und das glaubt man ihm. Philipp wuchs in Neuburg auf. Im Jahr vor der Entstehung des Bildnisses war er dreizehnjährig zum Rektor der Universität Freiburg gewählt worden. Später studierte er in Italien. Seinen Beinamen »Bellicosus« erhielt er wahrscheinlich wegen seiner freiwilligen Teilnahme an den Kämpfen gegen die Türken vor Wien (1529).

Hans Muelich (Mielich)
(München 1516 – München 1573)

Andreas Ligsalz und seine Gemahlin Apollonia, geb. Ridler. 1540

Holz, je ca. 81 x 61 cm – Monogrammiert und datiert – Inv.-Nr. 19, 12 – Erworben 1793 durch den Kurfürsten Karl Theodor

Andreas Ligsalz war Münchner Patrizier. Sein Geld verdiente er als Großkaufmann, in Antwerpen besaß er eine Niederlassung. In München bekleidete er auch politische Ämter: 1523 wurde er Mitglied des Äußeren, 1526 des Inneren Rates, auch als Bürgermeister ist er nachweisbar. Mit seiner Frau, die ebenfalls einer Münchner Patrizierfamilie entstammte, bewohnte er das Haus Hackenstraße 12. Muelich verbindet in diesem Diptychon zwei verschiedene Bildnistypen, in frontaler und in Schrägansicht. Die Stellung der Frau gibt dem Ganzen etwas Spontanes und Lebendiges.

Italienische Malerei des 14. bis 16. Jahrhunderts

Die Altartafel der italienischen Kirche unterscheidet sich von der des Nordens. Die Möglichkeit des Verschließens und Wandelns ist nicht gefragt, das Retabel eher als Schauwand organisiert. Hauptthema neben Christusdarstellungen und Heiligenviten ist die Gottesmutter Maria, mit Kind, mit Familie, leidend oder verherrlicht. Profane und mythologische Themen für den Sammler und humanistischen Kenner treten hier wesentlich früher als nördlich der Alpen hinzu. Auch das autonome Porträt verbreitet sich im 15. Jahrhundert.

Florenz und Venedig sind im Gemäldebestand der Alten Pinakothek glänzend vertreten, die Werke Fra Angelicos, Botticellis, Peruginos, Leonardos, Raffaels, Tizians und Tintorettos wurden mit wenigen Ausnahmen im frühen 19. Jahrhundert durch den Kronprinzen und späteren König Ludwig I. erworben.

Giotto di Bondone

(Colle di Vespignano um 1267 – Florenz 1337)

Das Letzte Abendmahl. Um 1306

Holz, 42,5 x 43 cm – Inv.-Nr. 643 – Erworben 1805 als Geschenk Kronprinz Ludwigs

Giotto wird gemeinhin an den Beginn der neuzeitlichen Malerei gestellt. Gegenüber der formelhaften byzantinisch geprägten »maniera greca« des 13. Jahrhunderts eröffnet er der Kunst neue Möglichkeiten. Die betonte Körperlichkeit seiner Figuren findet in voluminösen Gewandformen und großen Köpfen Ausdruck; Mimik und Gestik beleben sich. Innenräume werden – wie hier – oft als Kastenbühne gestaltet. Kassettendecken und vielfache Überschneidungen der Figuren definieren die Tiefe. Erstmals ist Giotto in Assisi greifbar, viele seiner Werke sind verloren (Rom, Neapel). *Das Letzte Abendmahl* war Teil einer Altartafel, die wohl unmittelbar nach den Fresken der Arenakapelle in Padua im Werkstattkreis entstand.

Taddeo Gaddi

(Florenz um 1300 – Florenz 1366)

Feuerprobe des hl. Franziskus. Um 1340

Holz, 34,6 x 31,3 cm – Inv.-Nr. 10677 – Erworben 1940 aus Privatbesitz

Der hl. Franziskus bot dem Sultan die Feuerprobe an, um die Überlegenheit seines Glaubens zu beweisen. Der Sultan lehnte dies ab – er befürchtete einen Aufruhr des Volkes. Die Tafel des Giotto-Schülers zierte mit 27 weiteren Gemälden einen Sakristeischrank in Santa Croce, Florenz.

Lippo Memmi
(nachweisbar 1317 – 1347)

Die Himmelfahrt Mariae. Um 1340

Holz, 72,5 x 32,5 cm, im originalen Rahmen – Inv.-Nr. WAF 671 – Erworben vor 1825 durch Kronprinz Ludwig

Musizierende Engel geleiten Maria auf ihrer Himmelfahrt. Christus erwartet sie mit seinen Propheten im offenstehenden Sternenhimmel. In der Spitze des Giebelfeldes ist die Krönung der Gottesmutter dargestellt. Der Sieneser Lippo Memmi, Schwager des Duccio-Schülers Simone Martini, konnte auf keine weitreichende Tradition zurückgreifen, das Bildthema war noch jung. Das bedeutete Freiheit, die er für eine originelle und oft kopierte Lösung nutzte.

Masolino da Panicale
(Panicale um 1383 – Florenz um 1447)

Maria mit dem Kinde. Um 1435

Holz, 95,5 x 57 cm – Inv.-Nr. WAF 264 – Erworben nach 1826 durch König Ludwig I.

Masolino vertritt den sogenannten Internationalen Stil, der in Europa im ersten Viertel des 15. Jahrhunderts verbreitet war. Hauptmerkmal ist ein weichfließender Faltenstil, der mehr von der Schönheit der Linie als von realitätsnaher Stofflichkeit bestimmt wird. Auch nach der Zusammenarbeit mit Masaccio in der Brancacci-Kapelle blieb er seiner Haltung treu. Das bekannte Motiv der Madonna mit entblößter Brust (»del latte«) wird hier mit dem der Demuts-Madonna (»dell'umiltà«) verbunden: Halb sitzt Maria, halb kniet sie. Gottvater und die Taube des Hl. Geistes erweitern das Bild zur Dreifaltigkeitsdarstellung.

Fra Angelico
(Vicchio 1386/1400 – 1455 Rom)

Grablegung Christi. Um 1438/40
Holz, 37,9 x 46,4 cm – Inv.-Nr. WAF 38a – Erworben 1818 für die Sammlung des Kronprinzen Ludwig

Vor der offenen Grabeshöhle hält Joseph von Arimathia den leblosen, aber aufrecht stehenden Körper Christi. Maria und Johannes, die sich ergeben von den Seiten nähern, fassen die Hände des Erlösers, um sie zu küssen. Keiner jedoch berührt ihn direkt, sondern ehrfürchtig nur mit Hilfe der Tücher. Es gibt keine laute Klage, nur stille Verehrung. Der Dominikaner Fra Angelico hat hier offensichtlich keine szenische Darstellung geschaffen – die Handlung ist begrenzt und unlogisch –, sondern etwas, wofür der hilflose Kunsthistoriker eigentlich keinen Bildtitel hat. Die Tafel bildete einst die Mitte der Predella des Hochaltares von San Marco in Florenz. Unmittelbar vor ihr fand auf der Altarmensa das Meßopfer statt, in dem sich das Erlösungsopfer Christi wiederholt. Das Bild greift die liturgische Handlung des Priesters auf, der die Hostie in der Elevation zeigt und auf dem Corporale niederlegt. Es zitiert in der Körperhaltung Christi gleichermaßen Kreuzigung, Kreuzabnahme und die alte Ikone der Imago Pietatis. Die offene Grabeshöhle verhält sich zum Corpus Christi wie ein Tabernakel zur konsekrierten Hostie. Ein Motiv, einprägsam wie ein Pictogramm. Drei weitere Predellentafeln zeigen die Legende der hll. Ärzte und Märtyrer Cosmas und Damian, Patrone der Stadt Florenz wie auch der Medici-Familie, die die Ausstattung des Klosters förderten. Die Mitteltafel des Altares befindet sich im Museo San Marco (Florenz).

Fra Filippo Lippi
(Florenz um 1406 – Spoleto 1469)

Verkündigung Mariae. Um 1450
Holz, 203 x 186 cm – Inv.-Nr. 1072 – Erworben für die königliche Sammlung Anfang 19. Jahrhundert aus dem Kloster der Suore Murate, Florenz

Maria nimmt den Gruß Gabriels stehend entgegen. Den von Cherubim begleiteten Gottvater und die Taube des Heiligen Geistes sieht sie nicht. Aber als wüßte sie um deren Gegenwart, schlägt sie demütig die Augen nieder und legt – ihrer Antwort entsprechend – die Hand auf die Brust. Die zarte, entrückte Gestalt lebt noch in der Stimmung der Gotik. Renaissance dagegen zeigt sich in der Architektur, doch bleibt die Verwendung der Motive weitgehend dekorativ. Durch den mittleren Bogen geht der Blick in einen zweifach umfriedeten Garten. Nach Art eines sprechenden Wappens kann hierin ein Hinweis auf die »Murate« (Eingemauerten) gesehen werden, gleichzeitig – vielleicht ursächlich damit verbunden? – auch auf den »hortus conclusus«, den verschlossenen Garten des Hoheliedes, Symbol somit für die Jungfräulichkeit Marias wie die Lilie, die der Engel trägt.

Antonello da Messina
(Messina um 1430 – Messina 1479)

Maria der Verkündigung. Um 1473/74
Holz, 42,5 x 32,8 cm – Inv.-Nr. 8054 – Erworben 1897 im Münchner Kunsthandel

Die Verkündigungs-Maria ohne Engel – Antonello zeigt das bis ins 18. Jahrhundert häufig vorkommende Motiv in künstlerischer Vollendung und mit tiefer Einfühlung in das kindlich-jugendliche Wesen, das staunend zwar, jedoch ergeben Gottes Willen zustimmt. Die italienische Sprache fand mit dem verkürzenden Begriff »Annunziata« eine Entsprechung zu diesem Bildtypus. Das Kunstwerk verdankt seinen Reiz wesentlich dem Wechsel zwischen dunklem Hintergrund, leuchtend blauem Gewand und dem modellierenden Spiel von Licht- und Schatten auf Gesicht und Händen. Die stillebenhaft angeordneten Bücher auf der Balustrade kannte der Sizilianer Antonello von der niederländischen Malerei, durch die er bereits früh zur Verwendung von Ölfarben angeregt wurde.

Leonardo da Vinci
(Vinci 1452 – Cloux bei Amboise 1519)

Maria mit dem Kinde. Um 1473
Holz, 62 x 47,5 cm – Inv.-Nr. 7779 – Erworben 1889 aus Privatbesitz

Das Universalgenie – Architekt, Bildhauer, Ingenieur und Wissenschaftler – zeigt sich hier als noch junger Maler in der Werkstatt Verroccchios, jedoch bereits von eigenständiger Erfindungskraft. Er stellt die Madonna mit dem Kind in einen Saal an eine Brüstung, im Hintergrund öffnen sich Fenster einer nahen Gebirgslandschaft. Der zarte Marientypus, die flüssige Malweise und das weichmodellierende Licht, das alles umspielt, weisen auf den reifen Künstler voraus wie auch die duftige Landschaft, in der er geradezu die Luft zu malen scheint. Auch der experimentierfreudige Maltechniker scheint sich hier zu offenbaren: Die stark krause Oberfläche des Gesichtes Mariens deutet auf ein Bindemittelproblem hin.

Sandro Botticelli
(Florenz 1445 – Florenz 1510)

Beweinung Christi. Um 1490
Holz, 140 x 207 cm – Inv.-Nr. 1075 – Erworben 1814 für Kronprinz Ludwig

Botticelli, der Renaissancemaler schlechthin, Schöpfer schöner Madonnen und heidnisch-mythologischer Meisterwerke für die Medici, hat hier offenbar einen Wendepunkt passiert. Unter dem Einfluß des dominikanischen Bußpredigers Savonarola vergißt er seine Vergangenheit: Er malt nicht mehr das Schöne, er malt nicht mehr schön. Er verzichtet auf Raumtiefe und Landschaft, sondern konzentriert den Blick gnadenlos auf die Brutalität der Szene vor der düsteren Grabeshöhle. Radikal unterwirft er die Figuren dem Sujet und zwingt sie in choreographischen Gleichklang und Symmetrie. Kritik an der Gegenwart sucht ja häufig das Heil in einer »besseren« Vergangenheit: In der Komposition scheint ein Rückgriff auf die »maniera greca« des 13. Jahrhunderts vorzuliegen. – Das in das biblische Geschehen interpolierte Ereignis der Beweinung Christi bot stets vielfältige Bezüge. Im Zentrum des »Vesperbildes« steht die Gottesmutter: Die bleiche Hautfarbe der Ohnmächtigen entspricht jener Christi. Aus Passionstraktaten ist bekannt, daß der Mitleidsschmerz Mariens so stark war, daß sie mit dem Sohn sterben wollte. Eine übersteigerte Mariologie sprach ihr sogar einen Anteil am Erlösungswerk zu. Daß die halb vermummte Frau, um das Grauen perfekt zu machen, der längst Verstummten die noch blutigen Nägel entgegenhält, gilt letztlich dem Betrachter. Es ist eine Aufforderung zur Passionsmeditation, die das Gedenken einzelner Leidens-»Werkzeuge« einschloß. Die beigefügten Heiligen Hieronymus, Paulus und Petrus – teils in sich versunken, teils distanziert kommentierend – erklären sich durch den ursprünglichen Standort des Altarbildes, das Paoliner-Kloster in Florenz.

Pietro Perugino
(Città della Pieve 1445 – Fontignano bei Perugia 1523)

Die Vision des hl. Bernhard. Um 1490/94

Holz, 173 x 170 cm – Inv.-Nr. WAF 764 – Erworben 1829/30 für König Ludwig I. aus dem Hause Capponi in Florenz

Die Gottesmutter erscheint dem hl. Kirchenlehrer und Mystiker beim Abfassen theologischer Texte und versorgt ihn mit Informationen »aus erster Hand«. Der Bildtypus, »Doctrina« genannt, ist fester Bestandteil der Ikonographie des Heiligen. Perugino stellt die Szene in eine mehrschiffige offene Halle, die einen Ausblick auf sanft ansteigende Hügelketten eröffnet. Charakteristisch die stilisierte Landschaft mit ihren überhoch und zerbrechlich wirkenden Bäumen, die ovalen Köpfe, spitzen Münder und rosigen Inkarnate der Figuren. Dergleichen wird noch das Frühwerk Raffaels, seines Schülers, prägen. Während dieser jedoch in der Auseinandersetzung mit Fra Bartolommeo, Leonardo und Michelangelo eine rasante Entwicklung vollzieht, bleibt der Lehrer seiner sehr erfolgreichen Richtung noch treu, als der Schüler bereits auf dem Totenbett liegt. Das Altarbild stammt aus der Kapelle der Familie Nasi in Santa Maria Maddalena dei Pazzi in Florenz.

Domenico Ghirlandaio
(Florenz 1449 – Florenz 1494)

Maria mit Kind, den hll. Dominikus, Michael, Johannes dem Täufer und Johannes Evangelist. Um 1494

Holz, 221 x 198 cm – Inv.-Nr. 1078 – Erworben 1816 durch Kronprinz Ludwig vom Hause Medici

Abgebildet ist die Mitteltafel des Hochaltares aus der Dominikanerkirche Santa Maria Novella in Florenz, deren Chor der Künstler mit einem Hauptwerk der Freskokunst schmückte. Zugehörig sind u.a. zwei Flügel mit den hll. Laurentius und Katharina von Siena. Die Madonna im Strahlenkranz wird aus der Apokalypse (»mulier amicta sole«, Apk 1,1–2) abgeleitet und symbolisiert gleichermaßen die unbefleckte Empfängnis, die Gottesmutterschaft und die Aufnahme Marias in den Himmel. Das Motiv steht in der Tradition schematisch-dogmatischer Darstellungen des Mittelalters. Die Figuren unterhalb der Gottesmutter haben Ortsbezug: als Ordensgründer (Dominikus), als Stadtpatrone (Michael und der Täufer), als Namenspatron des Altarstifters Giovanni Tornabuoni (Johannes der Evangelist). Der Kontrast der plastischen und klar konturierten Figuren zum nebenstehenden umbrischen Werk Peruginos könnte deutlicher kaum ausfallen.

Luca Signorelli

(Cortona um 1445/50 – Cortona 1523)

Maria mit dem Kinde. 1495/98

Holz, Durchmesser 87 cm, im ursprünglichen Rahmen – Inv.-Nr. 7931 – Erworben 1894 in Florenz

Der Tondo ist eine Bildform, die hohe Anforderungen an das gestalterische Können eines Künstlers stellt. Abgeleitet aus der antiken Bildniskunst und als Hoheitsform anzusehen, wurde er im Quattrocento häufig für Madonnendarstellungen verwendet. Hauptproblem ist, die Komposition plausibel zu halten. Dabei gilt die Regel: Nie (oder doch selten) gibt es stehende Gestalten, zumeist sitzen sie oder sind halbfigurig gegeben, da sie sich so leichter in das Rund einfügen lassen, ohne an Monumentalität einzubüßen. Mittelpunkt in Signorellis Tondo ist die mächtige Gestalt der Madonna. Kompliziert dreht sie sich, um das winzige, entspannt an ihrer Seite stehende Kind anzubeten. Im Hintergrund rechts sitzt ein Nackter, der seine Sandalen löst – eine Verarbeitung der antiken Statue des »Dornausziehers«. Seine Bedeutung im Bild ist noch nicht befriedigend geklärt, seine Bedeutung für die Komposition, die er in der Balance hält, liegt dagegen klar zutage. Signorellis Einfluß wird noch im Werk Michelangelos spürbar sein.

Cima da Conegliano
(Conegliano um 1460 – Conegliano 1517/18)

Maria mit dem Kinde und den hll. Maria Magdalena und Hieronymus. Um 1496

Holz, 79,6 x 122,9 cm – Signiert – Inv.-Nr. 992 – Erworben 1815 aus der Sammlung der Kaiserin Josephine in Malmaison

Die »Sacra Conversazione« der Madonna mit Heiligen entwickelte sich seit dem 13. Jahrhundert; sie trat als Ganz- oder als Halbfigurenbild auf. Letzteres erfreute sich besonders in Venedig im 15. Jahrhundert großer Beliebtheit. Cimas thronende Maria neigt sich dem als Büßer dargestellten Hieronymus zu, ohne ihn jedoch anzusehen. Das Jesuskind und die ebenfalls als Büßerin bekannte Maria Magdalena sehen sich dagegen direkt an, der zielgerichtete Griff des Kindes nach dem Salbgefäß zeigt das Wissen beider um seinen Erlösertod.

Jacopo de' Barbari
(Venedig – Niederlande vor 1516)

Stilleben mit Rebhuhn, Eisenhandschuhen und Armbrustbolzen. 1504

Holz, 52 x 42,5 cm – Signiert und datiert – Inv.-Nr. 5066 – Aus Schloß Neuburg an der Donau

Das Stilleben ist das früheste seiner Art. In perfekter Augentäuschung suggeriert der Maler die an der Wand hängenden Gegenstände mitsamt dem Zettel, der seinen Namen trägt. Der Venezianer war nach 1500 an mehreren Höfen Europas tätig.

Lorenzo Lotto
(Venedig um 1480 – Loreto 1556)

Die Mystische Vermählung der hl. Katharina. Um 1505/08

Holz, 71,3 x 91,2 cm – Signiert – Inv.-Nr. 32 – Erworben 1804 aus der Fürstbischöflichen Residenz Würzburg

Lorenzo Lotto ist eine sehr eigenwillige Gestalt. Ausgehend von Werken Giovanni Bellinis, mischen sich sehr früh manieristische Elemente in seine Kunst, die in flackernden Lichtreflexen, verunklärter Räumlichkeit und exaltierten Bewegungen zum Ausdruck kommen. Die Legende der hl. Katharina von Alexandrien erzählt, wie die adlige Heilige auf der Suche nach einem Ehemann, der ihr an Adel, Schönheit, Wissen und Reichtum gleichkommt, von einem Eremiten auf Christus verwiesen wird. Im Traum, nachdem sie die Taufe empfangen hat, erscheint er ihr und steckt ihr – als Symbol mystischer Verbindung – den Ring auf.

Raffael
(Urbino 1483 – Rom 1520)

Die Hl. Familie aus dem Hause Canigiani. Um 1505/06

Holz, 131 x 107 cm – Signiert – Inv.-Nr. 476 – 1691 als Geschenk des Großherzogs Cosimo III. von Toskana an Johann Wilhelm von der Pfalz

Konstruiert wie Architektur präsentiert Raffael die hl. Familie: Alle Figuren unterwerfen sich der strengen pyramidalen Komposition. Das Familiäre zeigt sich im Inneren: in den Blick- und Bezugsachsen, die sich zwischen den Figuren entwickeln und die Komposition fest verspannen. Die genaue Beobachtung menschlicher Verhaltensweisen läßt das Bild trotz der äußeren Strenge natürlich erscheinen. Die für das Gleichgewicht der Komposition wichtigen Engelgruppen waren seit dem späten 18. Jahrhundert übermalt und wurden 1983 freigelegt.

Raffael

(Urbino 1483 – Rom 1520)

**Die Madonna della Tenda.
Um 1513/14**

Holz, 65,8 x 51,2 cm – Inv.-Nr. WAF 797 – 1819 von Kronprinz Ludwig erworben

Die Madonna »mit dem Vorhang« dokumentiert den Entwicklungssprung, den Raffael in Rom vollzog: Die Figuren haben gegenüber der Heiligen Familie der florentiner Zeit erheblich an Volumen und Schwere gewonnen. Kompositionelle Verwandtschaft besteht mit Gruppen aus Raffaels kurz zuvor vollendeter »Messe zu Bolsena« (1512) in der Stanza di Eliodoro. Anklänge an Michelangelos Arbeiten in Stein (Tondo Taddei, Pitti), nicht zuletzt auch an Figuren in den Lünetten und Stichkappenfresken der Sixtinischen Decke (1509/12) werden deutlich.

Piero di Cosimo
(Florenz um 1462 – Florenz 1521)

Darstellung aus der Prometheus-Sage. Um 1515/20
Holz, 66 x 118,7 cm – Inv.-Nr. 8973 – Erworben 1918 aus Privatbesitz

Nicht alle Szenen der Sage sind zweifelsfrei zu deuten: In der Mitte die aus Lehm geformte Statue, rechts gibt Minerva Prometheus den Rat, jene mit einem Feuerstab zu beleben. Im Hintergrund fliegt sie mit ihm zum Himmel, damit er das Feuer vom Sonnengott stehlen kann. Rechts unter dem Felsen ein Gigant als Erdbewohner der Vorzeit. Auf der linken Seite wohl die Darstellung eines ähnlichen, jedoch fehlgeschlagenen Schöpfungsversuchs des Epimetheus, des Bruders des Prometheus. Zur Strafe wird er von Jupiter in einen Affen verwandelt. Die gewandete Figur wird als Gottvater gedeutet, vor dessen Werk Epimetheus staunend kniet. Die Tafel war Teil einer bemalten Truhe (cassone), ein Gegenstück befindet sich in Straßburg.

Tizian
(Pieve di Cadore um 1487/90 – Venedig 1576)

Die Eitelkeit der Welt. Um 1515
Leinwand, 97 x 81,2 cm – Inv.-Nr. 483 – Aus der Kammergalerie Kurfürst Maximilians I.

Das Gemälde gehört noch dem Frühwerk Tizians an. Der Vergleich mit den auf den folgenden Seiten abgebildeten Werken verdeutlicht die Entwicklung, die der Künstler in seinem jahrzehntelangen Schaffen vollziehen wird. Die allegorische Figur erfuhr später –

wohl von Tizian selbst – einige Veränderungen: In den zunächst leeren Spiegel wurden die Schmuck- und Geldstücke sowie eine Alte mit Spinnrocken eingefügt, der Frau wurde zusätzlich eine verloschene Kerze in die Hand gegeben. Der Aspekt der Vergänglichkeit des Irdischen wurde damit verstärkt.

Jacopo Palma il Vecchio

(Serina bei Bergamo um 1480 – Venedig 1528)

Maria mit dem Kinde und den hll. Rochus und Aurea. Um 1515

Holz, 67,6 x 92,6 cm – Inv.-Nr. 505 – Aus der Düsseldorfer Galerie

Palma baut auf dem Frühwerk Tizians auf. Pralle Körperlichkeit kennzeichnet seine Figuren. Die hll. Rochus und Aurea nähern sich auf Knien dem Jesuskind, das auf dem Schoß der Madonna sitzt und Rochus einen Rosenkranz reicht. Die sehr selten dargestellte frühchristliche Märtyrerin Aurea erklärt sich vermutlich aus dem besonderen Wunsch des Auftraggebers, wie überhaupt das kleine Format für einen privaten Bestimmungsort spricht. Große Altarbilder sind selten im Werk Palmas.

Tizian

(Pieve di Cadore um 1487/90 – Venedig 1576)

Maria mit dem Kinde in einer Abendlandschaft. Um 1560

Leinwand, 173,5 x 132,7 cm – Signiert (echt?) – Inv.-Nr. 464 – Erworben 1814 für König Max I. in Paris

Mit Verwunderung und Stolz blickt die Muttergottes auf das lebhafte Kind auf ihrem Schoß. Nur mit einem energischen Griff an den Fuß kann sie es bändigen. Der Jesusknabe wirkt merkwürdig ausgewachsen, hat alles Kindlich-Nied-

liche eines Neugeborenen hinter sich gelassen. Vielleicht wollte Tizian das Kind für die schweren Aufgaben – nichts weniger als die Erlösung der Menschheit – rüsten. Man fühlt sich an Darstellungen des Herkules-Knaben erinnert. Die rechte Bildhälfte nimmt ein Ausblick in eine Abendlandschaft ein, die in ihrer stimmungsvollen Lichtbehandlung und der freien malerischen Gestaltung der Figurengruppe gleichgewichtig ist.

Tizian
(Pieve di Cadore um 1478/90 – Venedig 1576)

Dornenkrönung Christi. Um 1570
Leinwand, 280 x 182 cm – Inv.-Nr. 2272 – 1748 in Schleißheim nachweisbar

Das Gemälde, Höhepunkt im Altersschaffen Tizians, ist eines der berühmtesten Werke der Alten Pinakothek. Dicht umdrängt von seinen Folterern und doch so einsam wie selten sieht man Christus zwischen den Schergen, die ihm mit langen Stangen die Dornenkrone aufs Haupt drücken. Weitere Gestalten kommen zu seiner Verspottung von rechts die Stufen herauf. Das Bild zeigt die charakteristische Malweise des späten Tizian: Alle Gegenstände werden in Farbmassen aufgelöst. Das gespenstisch flackernde Deckenlicht, das Momenthafte bewegter Lichtreflexe korrespondiert mit dem zuckenden Malgestus. Bewegung ist im Bild. Erst in der Distanz schließt sich für den Betrachter die Oberfläche zusammen und Gegenstände wie

Personen werden erkennbar. Auch kompositionell ist die Dornenkrönung ein Meisterwerk: Das Ungleichgewicht zwischen Links und Rechts wird als dynamiksteigernd empfunden, die langen Stangen dienen zur Verspannung des komplizierten Figurengefüges. Anders als in einer ein Vierteljahrhundert zuvor entstandenen Fassung des Themas (Paris, Louvre), in der Tizian Christus schmerzvoll aufstöhnen läßt, zeigt er den Erlöser hier als Dulder, der sein Schicksal mit Gelassenheit hinnimmt – vielleicht eine persönliche Stellungnahme des greisen und weisen Künstlers.

Jacopo Tintoretto
(Venedig 1518 – Venedig 1594)

Vulkan überrascht Venus und Mars. Um 1555

Leinwand, 135 x 198 cm – Inv.-Nr. 9257 – Erworben 1925 aus dem Besitz von F. A. Kaulbach

Der in Homers Odyssee und Ovids Metamorphosen überlieferte Ehebruch der Venus wird hier entsprechend einer moralisierenden Abwandlung wiedergegeben: Der mißtrauische Vulkan inspiziert das Bett seiner Frau, der Kriegsgott – in voller Rüstung! – hat sich derweil unter dem Tisch verkrochen und versucht vergeblich, den kläffenden Haushund zu beruhigen. Antike Mythologie mit humoristischer Note. Eine abschließende Deutung des Bildes steht noch aus. Der schlafende Amor folgt einer venezianischen Antikenkopie. Charakteristisch für Tintoretto sind eine betonte Raumperspektive und überlängte Gestalten, mit denen er manieristische Elemente in die venezianische Kunst einführte.

Jacopo Tintoretto
(Venedig 1518 – Venedig 1594)

Die Einnahme von Parma. Um 1579/80

Leinwand, 212 x 283,5 cm – Inv.-Nr. 7306 – 1748 in Schleißheim nachweisbar

Die Szene ist Teil des Gonzaga-Zyklus, der in zwei Folgen mit je vier Szenen bedeutende Ereignisse aus dem Leben der Mantuaner Markgrafen des 15. Jahrhunderts und der Herzöge des 16. Jahrhunderts darstellt. Der Auftraggeber Guglielmo Gonzaga, dritter Herzog von Mantua, ließ sie zum Gedächtnis seiner ruhmreichen Vorfahren malen und in zwei Sälen des Palazzo Ducale – in 5 Metern Höhe – anbringen. Der letzte Gonzaga nahm sie 1707 mit ins Exil, durch Erbschaft gingen sie an den Herzog Leopold von Lothringen, der sie offensichtlich verkauft hat. Die Abbildung zeigt die Eroberung Parmas durch Federigo II., der die von französischen Truppen besetzte Stadt im Jahre 1521 für den Kirchenstaat zurückeroberte.

Jacopo Tintoretto
(Venedig 1518 – Venedig 1594)

Christus bei Maria und Martha. Um 1580

Leinwand, 200 x 132 cm – Signiert – Inv.-Nr. 4788 – Erworben 1803 als Säkularisationsgut aus der Dominikanerkirche in Augsburg

Die Darstellung nach Lukas 10,38–42 entstand parallel zu den Werken für die Scuola di San Rocco: Christus ist Gast im Hause von Maria und Martha in Bethanien. Martha kümmert sich um die Bewirtung und beschwert sich, daß sie die Hausarbeit allein erledigen müsse, während ihre Schwester Maria den Worten Christi lauscht. Christus hält ihr entgegen, den besten Teil habe diese gewählt. Die biblische Erzählung war oft zitiertes Exempel für die »vita activa und contemplativa« (tätiges und beschauliches Leben), Bestandteile der antiken und mittelalterlichen Tugendlehre. Tintoretto stellt mehrere Teile der Erzählung simultan dar: rechts im Hintergund die arbeitende Martha, links – durch die Tür zu sehen und skizzenhaft angelegt – die Jünger, mit denen Christus umherzog; während Christus noch zu Maria spricht, erhebt Martha schon ihre Vorwürfe. Das Gemälde wurde wahrscheinlich von der Familie Welser für einen Altar der Dominikanerkirche in Augsburg gestiftet.

Giorgio Vasari
(Arezzo 1511 – Florenz 1574)

Die Heilige Familie mit dem kleinen Johannesknaben. Um 1545
Holz, 96 x 73 cm – Inv.-Nr. WAF 1150 – Erworben vor 1810 von Kronprinz Ludwig

Maler, Architekt und Kunsthistoriograph – Giorgio Vasari war eine der typischen Mehrfachbegabungen der Renaissance. Der Bau der Uffizien, die Fresken im Palazzo Vecchio gehören u.a. zu seinen Florentiner Werken. Seine 1550 und 1568 erschienenen vielbändigen Künstlerviten, die noch heute zum Handwerkszeug des Kunsthistorikers gehören, haben ihm den Ehrentitel des Vaters der Kunstgeschichte eingebracht. Das Retrospektive und Kompilatorische der Künstlerviten ist auch Kennzeichen seiner Malerei. Werke Michelangelos und Raphaels standen Pate, werden jedoch im Sinne der Ästhetik des Manierismus umgedeutet: Eine Kunst, die in der Naturnachahmung alles erreicht hatte, konnte eigentlich nur wieder künstlich werden. Dies zeigt sich in der gesuchten Flächigkeit, Linie, Bewegung, im Anschnitt der Figuren durch den Bildrand wie auch in der gebrochenen Farbigkeit. Jeder Quadratzentimeter ist gefüllt mit Kunst.

Malerei zwischen Renaissance und Barock

Das 16. Jahrhundert sperrt sich gegen einen Epochenbegriff, »Manierismus« ist nur ein Phänomen des facettenreichen Jahrhunderts. Deutsche und niederländische Werke sind in dieser Abteilung nebeneinander zu finden. Im Werk Pieter Bruegels d. Ä. äußert sich eine neue Weltsicht, die in humorvoll vorgetragenen, oft literarisch fundierten Bildthemen mit moralischer Aussage zum Ausdruck kommt. Auf den Landschaftsdarstellungen des Vaters konnte Sohn Jan d. Ä. (auch Blumen- und Sammet-Brueghel genannt) aufbauen. Von ihm besitzt die Alte Pinakothek – neben Wien und Madrid – die weltgrößte Sammlung. Er ist bereits Zeitgenosse des Peter Paul Rubens wie auch die singuläre Gestalt Adam Elsheimers, der als Landschaftsmaler Maßstäbe setzt.
Der höfische Manierismus des Kunstkreises um Kaiser Rudolph II. in Prag wird durch Spranger, v. Aachen und Heintz repräsentiert.

Jan Sanders van Hemessen
(Hemixen ca. 1504 – Haarlem vor 1567)

Berufung des Matthäus. 1536

Holz, 118,8 x 153,9 cm – Signiert und datiert – Inv.-Nr. 11 – Aus der Kammergalerie Kurfürst Maximilians I.

Das Gemälde ist stark verändert. Ursprünglich war es eine der in den Niederlanden des frühen 16. Jahrhunderts beliebten Darstellungen einer Geldwechslerstube, die einerseits die Realität einer auf Handel ausgerichteten Gesellschaft wiedergeben, andererseits oft auch einen moralischen Appell gegen Geiz und Habgier beinhalten.
Unter Kurfürst Maximilian I. von Bayern wurde das Bild zwischen 1627 und 1641 umgestaltet, rechts und oben erweitert, und vermutlich durch den Hofmaler Georg Vischer um die Christusgestalt ergänzt. Die Gebärde Christi stellt den Vorgang der Berufung dar, den die eingefügte Inschrift am Oberrand unterstreicht: »Sequere me« (»Folge mir«; Mt 9,9). Ein neues Bildthema war geschaffen.
Die Berufung des Apostels wurde im 16./17. Jahrhundert häufig dargestellt, das damit verbundene Thema ›Gnade‹ erlangte durch das tridentinische Konzil besondere Aktualität. Die katholische Kirche beharrte auf der Bedeutung des freien Willens des Menschen, den die Gnade Gottes trifft. Genau dies wird gezeigt: Matthäus war Levi, ein geldeintreibender Zöllner, er hatte die Möglichkeit zur Entscheidung und folgte aus freien Stücken, als ihn der Ruf Christi traf. Der radikale Eingriff in die Bildsubstanz bekommt somit im Hinblick auf das neugeschaffene Thema eine überraschende Logik: Christus macht aus dem Zöllner einen Apostel, der Kurfürst aus dem Bild sündigen Treibens eines der Umkehr – eine Missionierung mit anderen Mitteln.

Pieter Bruegel d. Ä.
(Breda um 1525 – Brüssel 1569)

Das Schlaraffenland. 1566

Holz, 52 x 78 cm – Signiert und datiert – Inv.-Nr. 8940 – Erworben 1917, ehem. kaiserl. Sammlung Prag

Das Paradies? – Grundlage ist eine 1546 in Antwerpen erschienene Erzählung nach einem Schwank des Hans Sachs, die Müßiggang, Völlerei und Faulheit der Menschen geißelt.

Cornelis van Dalem
(Antwerpen? um 1530/35 – Breda 1573)

Landschaft mit Gehöft. 1564

Holz, 103 x 127,5 cm – Monogrammiert und datiert – Inv.-Nr. 12044 – Erworben 1954 aus Privatbesitz

Ein ungewöhnliches Beispiel einer noch jungen Kunstgattung. Landschaft als Stimmungsträger – der Reiz des Zerfalls wird erst wieder von den Romantikern geschätzt.

Jan Brueghel d. Ä.
(Brüssel 1568 – Antwerpen 1625)

Seehafen mit Predigt Christi. 1598
Holz, 78 x 119 cm – Signiert und datiert – Inv.-Nr. 187 – Aus der Mannheimer Galerie

Eine schier unübersehbare Menschenmenge bietet sich dem Auge dar, als kräftige Akzente leuchten Kleider in Gelb, Blau, Rot und Grün daraus hervor. Klar getrennte Bildgründe einheitlicher Tönung – Braun im Vordergrund, Grün im Mittelgrund und Blau im Hintergrund – greifen gliedernd in die Fläche ein. Sie steuern den Blick über die »Weltlandschaft«, die nach dem Geschmack des 16. Jahrhunderts die Formationen der Erde aufzunehmen trachtete und alles andere als realistisch sein wollte. Der klaren Flächenaufteilung entspricht eine Trennung der Handlungsebenen: Während sich die Menge im Mittelgrund Christus zuwendet, der aus einem Boot heraus am See Genezareth predigt (Lk 5,3), ist der Vordergrund mit lärmendem Fischmarkttreiben gefüllt und auf den Betrachter ausgerichtet. Vornehme Menschen flanieren hier – eher für den Sonntagsspaziergang als für den werktäglichen Einkauf gekleidet – zwischen den Händlern, den stilllebenhaft dargebotenen Auslagen und Bettlern, für die neben Fischresten auch manche Münze abfällt. Ja, man scheint geradezu für den Maler zu posieren. Weitere Szenen des alltäglichen Lebens säumen in großer Zahl das Geschehen und lassen das Auge nicht zur Ruhe kommen. Das religiöse Thema rückt an den Rand, nicht aus Geringschätzung, sondern um ihm einen Platz im Alltag der Menschen zu verschaffen. Die Alte Pinakothek besitzt mehrere dieser Werke Jan Brueghels, in denen der Künstler idealisierte Landschaftstypen mit Details »naer het leven« anreicherte.

Jan Brueghel d. Ä.
(Brüssel 1568 – Antwerpen 1625)

Großer Fischmarkt. 1603

Holz, 58,5 x 91, 5 cm – Signiert und datiert – Inv.-Nr. 1889 – Aus der Mannheimer Galerie

Wie im nebenstehenden Bild trachtet der Künstler von seinem hohen Standpunkt aus möglichst viel Leben mit ins Bild hineinzunehmen. Anders als dort ist hier jedoch das Treiben in einer Hafenstadt Hauptthema, ein religiöser Bezug fehlt. Idealisiert wie der Blickwinkel ist die Stadt: ein Komposit aus flämischer Heimat und Eindrücken, die der Künstler auf Reisen skizzieren konnte. So entdeckt man im Mittelgrund des Bildes das neapolitanische Castel dell'Ovo, rechts die römische Peterskirche. Zwischen 1590 und 1596 hielt sich der Künstler in Italien auf. Das Castel dell'Ovo begegnet in der *Enthaltsamkeit des Scipio* wieder.

Jan Brueghel d. Ä.
(Brüssel 1568 – Antwerpen 1625)
Pieter van Avont (?)
(Mecheln 1600 – Deurne 1652)

Die Heilige Familie. Um 1620

Holz, 93,5 x 72 cm – Inv.-Nr. 149 – Aus der kurfürstlichen Galerie

Van Avont malte die Figuren in diesem Bild. Die Girlande bildet ein M (für Maria).

Abraham Bloemaert
(Gorinchem 1566 – Utrecht 1651)

Die Hochzeit von Peleus und Thetis. Um 1595

Leinwand, 101 x 146,4 cm – Inv.-Nr. 6526 – Aus der kurmainzischen Galerie Aschaffenburg

Zur Hochzeit des Peleus und der Nereide Thetis waren alle Götter des Olymp geladen. Nur Eris, Schwester des Kriegsgottes Ares, wurde vergessen. Ihre raffinierte Rache: Sie warf eine Goldkugel mit der Aufschrift »Der Schönsten« in die Menge, um Zwietracht unter den weiblichen Gästen zu säen. Mit Erfolg: Aus dem sich anschließenden Streit zwischen Hera, Athena und Aphrodite und der Schlichtung des Paris entstand letztlich der trojanische Krieg.
Ein Strudel von Figuren, Tüchern und Wolken reißt den Blick in einen irrealen Bildraum. Die sich drehenden Figuren mit ihren gesuchten Posen, sinnleeren Handlungen und kompliziert verschränkten Gruppierungen werden vom Künstler radikal dem ornamentalen Bildgedanken untergeordnet. Jede Naturwahrheit ist bewußt ausgeschaltet. Es flimmert und schimmert, das Auge kommt nicht zur Ruhe. Ein typisches Kunstkammerstück des Manierismus, wie er in dieser Verfeinerung besonders am Prager Kaiserhof gepflegt wurde. Der Bildinhalt wird zur Nebensache und austauschbar. Die Komposition geht auf einen seinerzeit berühmten Stich mit der Hochzeit Amors und Psyches zurück (Hendrick Goltzius nach Bartholomäus Spranger).
Bloemaert war ein höchst produktiver Künstler und bedeutender Lehrer, der selbst stets lernfähig blieb: Er begann als Manierist und konnte am Ende sogar dem Caravaggismus nördlicher Prägung etwas abgewinnen, den sein eigener Schüler Honthorst aus Italien nach Utrecht brachte.

Roelant Savery
(Courtrai um 1576 – Utrecht 1639)

Eberjagd. 1609
Holz, 24,7 x 35,2 cm – Signiert und datiert – Inv.-Nr. 271 – Aus der kurfürstlichen Galerie

Höhepunkt der Jagd. Von Hunden gehetzt, hat sich der mächtige Keiler den unberittenen Jägern gestellt. Der Bärtige stößt ihm die Saufeder in die Seite. In Todesnot versucht das waidwunde Tier durch das Gestrüpp zu brechen. Der bellende Jagdhund könnte ihn nicht stoppen, doch wird er im nächsten Augenblick dem zweiten Jäger, der hinter einem Baum Deckung sucht, in den bereits angelegten Spieß laufen. Der umflochtene Griff der Waffe wird dessen Hand Halt geben, der Auflaufknebel verhindert das zu tiefe Eindringen in das Opfer, so daß der Jäger bei einem Fehlstoß nicht wehrlos dasteht. Sauhatz war gefährlich. Die Genauigkeit im Detail und die nahsichtige Konzentration auf das Wesentliche verleihen dem kleinformatigen Bild geradezu lehrhaften Charakter, der durch feintonige Malweise veredelt wird.

Bartholomäus Spranger
(Antwerpen 1546 – Prag 1611)

Angelica und Medoro. Um 1580/85
Leinwand, 107,5 x 79,5 cm – Inv.-Nr. 10000 – Erworben 1935 im Kunsthandel

Das Motiv ist Ariosts ›Orlando furioso‹ entnommen: Die Liebenden schneiden ihre Namen in eine Baumrinde. Eine ganze Serie derartiger Liebesthemen malte Spranger für Kaiser Rudolph II. Der Stil des Künstlers wurde maßgeblich für den höfischen Manierismus und durch viele Stiche verbreitet.

Hans von Aachen
(Köln 1552 – Prag 1615)

Der Sieg der Wahrheit. 1598

Kupfer, 56 x 47 cm – Signiert und datiert – Inv.-Nr. 1611 – Aus der Kurfürstlichen Galerie

Der Löwe, Symboltier imperialer Macht, geht mit Unterstützung der ›Gerechtigkeit‹ zum Schutze der nackten ›Wahrheit‹ gegen den ›Betrug‹ vor, der in Gestalt eines bärtigen Mannes bereits entlarvt und zu Fall gebracht ist. Nur wenn Wahrhaftigkeit herrscht – so die Aussage des Bildes – gedeihen ›Friede‹, ›Wohlstand‹ und ›Fruchtbarkeit‹ im Land. Dies zeigen die Frauengestalten im Mittelgrund. Derartige politische Allegorien konnten nur im Dunstkreis eines kunstsinnigen Mäzens gedeihen, wie Kaiser Rudolph II. in Prag es war. Die recht simple Argumentation sucht sich ein kunstvolles Gewand.

Hans Rottenhammer
(München 1564 – Augsburg 1625)

Diana und Aktäon. 1602

Kupfer, 35 x 48 cm – Signiert und datiert – Inv.-Nr. 1588 – Aus der Kurfürstlichen Galerie

Aktäon beobachtet Diana beim Baden. Der Entdeckte wird von der Göttin zur Strafe in einen Hirschen verwandelt und von seinen eigenen Jagdhunden zerrissen. Diana hockt links, eine Nymphe hat soeben den Frevler oberhalb der Grotte erblickt, eine andere versucht eilfertig, die Blöße der Göttin zu bedecken. Dem Ahnungslosen sprießt bereits ein Geweih auf der Stirn. In dem Mythos verbirgt sich die uralte Vorstellung, daß sterben muß, wer einen Gott erblickt. Das Thema nach Ovids Metamorphosen bot reichliche Möglichkeiten zur Aktdarstellung.

Joseph Heintz d. Ä.
(Basel 1564 – Prag 1609)

Satyrn und Nymphen. 1599
Kupfer, oval, 24 x 32 cm – Signiert und datiert – Inv.-Nr. 1579 – Aus der Mannheimer Galerie

Eine der schönsten Bilderfindungen des Künstlers. Die Darstellung zeigt das Treiben der Naturwesen. Der Satyr bläst die Panflöte, man lauscht, trinkt, pflegt und räkelt sich in wohligem Nichtstun. Der Bezug zu Geschichte von Pan und Syrinx aus Ovids Metamorphosen mag in einem allgemeinem Sinne die Anregung gegeben haben, Heintz schafft jedoch eine ganz eigene, freundliche und verlockende Welt.
Die kleine Kupfertafel wurde vermutlich für Kaiser Rudolph II. gemalt, an dessen Prager Hof der Künstler neben Hans von Aachen und Bartholomäus Spranger u.a. tätig war. Das Oval, das er aus der venezianischen Kunst kannte, kommt hier in besonderer Weise dem Formideal des Manierismus entgegen.

Adam Elsheimer
(Frankfurt/Main 1578 – Rom 1610)

Die Flucht nach Ägypten. 1609

Kupfer, 31 x 41 cm – Signiert und datiert – Inv.-Nr. 216 – Aus der Düsseldorfer Galerie.

Es ist kalt. Klares Mondlicht spiegelt sich auf dem unbewegten See. Vor der Kulisse des dunklen Waldes zieht die Heilige Familie auf der Flucht vor Herodes (Mt 2,13) durch die Nacht. Nur eine kleine Fackel beleuchtet ihren Weg. Sie sind jedoch nicht allein: Hirten stehen abseits des Weges bei ihrer Herde und wärmen sich am Feuer. Elsheimer schuf hier die wohl stimmungsvollste Darstellung einer Mondnacht, die die Kunstgeschichte kennt. Sein aufgrund der besonderen Sorgfalt in Vorbereitung und Ausführung recht schmales Œuvre war von weitreichendem Einfluß auf die Malerei des Barock. Mit Rubens, den er in Rom kennenlernte, war er befreundet.

Peter Candid (Pieter de Witte)
(Brügge um 1548 – München 1628)

Herzogin Magdalena von Bayern. Um 1613

Holz, 97,5 x 71,5 cm – Inv.-Nr. 2471 – Aus Schloß Schleißheim

Das Bildnis entstand vermutlich anläßlich der Hochzeit der Dargestellten mit Herzog Wolfgang

Wilhelm von Pfalz-Neuburg, die am 11. November 1613 in München stattfand. Sie war die jüngste Tochter Herzog Wilhelms V. von Bayern und Schwester Maximilians, des späteren Kurfürsten. Die strenge Pracht ihrer äußeren Erscheinung ist geprägt vom spanischen Hofzeremoniell. Der Prunk des leuchtendroten Gewandes mit seinen metallenen Litzen und Applikationen, die riesige Halskrause, das schwere Diadem, die Prunkkette und die große Agraffe an der roten Schleife haben in erster Linie die Aufgabe, den Rang der Dargestellten zu betonen. Gleichwohl tritt uns deren Persönlichkeit mit Intensität entgegen. Candid, Schüler Giorgio Vasaris, kam 1586 nach Jahren in Medici-Diensten an den Münchner Hof.

Georg Flegel
(Olmütz/Mähren 1566 – Frankfurt 1638)

Großes Schauessen. Um 1630/38
Kupfer, 78 x 67 cm – Signiert – Inv.-Nr. 1622 – Aus der Kurfürstlichen Galerie.

Durch Flegel wurde das Stilleben in Deutschland selbständige Gattung. Speisen stehen stets im Mittelpunkt seiner Bilder: auf einem gedeckten Tisch, in einer Vorratskammer oder wie hier buffetartig zur Schau gestellt. Sie sind mehr als nur Augen- und Magenschmaus. In ihrer eindeutigen Symbolik finden sich oft Warnungen vor Völlerei und der Eitelkeit der Welt. Ihr Realismus bietet aber auch die Möglichkeit, über Ernährungsgewohnheiten, Realienkunde und Sozialgeschichtliches nachzudenken.

Bartholomäus Strobel d. J.
(Breslau 1591 – Thorn um 1665 [?])

Das Gastmahl des Herodes. Um 1625

Leinwand, 95 x 73 cm – Inv.-Nr. 5120 –
Aus der Zweibrücker Galerie

Da ihr Tanz anläßlich seines Geburtstages alle Gäste begeisterte, bittet Herodes seine Stieftochter und Nichte Salome, sich etwas zu wünschen. Auf Anraten ihrer Mutter fordert sie den Kopf des eingekerkerten Johannes des Täufers (Mk 6, 21–28).

Der Künstler, der sich seinen manieristischen Stil über Jahrzehnte bewahrte, schuf ein vor Details überbordendes Gemälde mit schwer lesbarer Raumaufteilung, blitzenden Lichteffekten und greller Farbigkeit. Die Gesichter zeigen z.T. Porträts von Zeitgenossen.

Flämische Malerei des 17. Jahrhunderts

Die flämische Malerei bildet das Zentrum der Alten Pinakothek. Die Werke van Dycks, Jordaens' und eine der größten Rubens-Sammlungen der Welt sind sowohl dem Sammeleifer der Wittelsbacher des 17. und 18. Jahrhunderts als auch den Zeitläuften zu verdanken, die den Kunstbesitz der verschiedenen Familienzweige in München vereinten. Hervorzuheben sind als Auftraggeber von Peter Paul Rubens Herzog Wolfgang Wilhelm von Pfalz-Neuburg und Kurfürst Maximilian I. von Bayern, als Sammler Johann Wilhelm von der Pfalz und der bayerische Kurfürst Max Emanuel. Letzterem werden mit dem Erwerb der Sammlung des Gisbert van Colen u.a. die Privatbildnisse Rubens' verdankt. Aufgaben der Kunst sind die großen Altarwerke für die im Sinne der Gegenreformation neu auszustattenden Kirchen, mythologische Themen für die neu entstehenden Galerien, politische Allegorien für die Paläste sowie Bildnisse. Beachtlich in der Alten Pinakothek ist die Sammlung der Barockbozzetti.

Peter Paul Rubens
(Siegen/Westf. 1577 – Antwerpen 1640)

Rubens und Isabella Brant in der Geißblattlaube. Um 1609

Leinwand, auf Holz aufgezogen, 178 x 136,5 cm – Inv.-Nr. 334 – Aus der Düsseldorfer Galerie

Unmittelbar nach seiner Rückkehr aus Italien heiratete der 32jährige Rubens die achtzehnjährige Isabella Brant. Wohl bald darauf entstand das Doppelbildnis, mit dem er Porträtgeschichte schrieb. Er verzichtet nicht auf traditionelle Symbolik: Das Geißblatt (»Jelängerjelieber«) war als Treuesymbol bekannt, die ineinandergelegten Hände (»dextrarum iunctio«) deuteten seit der Antike auf den Ehestand hin. Jedoch sind diese Verweise völlig in die lebensnahe Momentaufnahme integriert. Bürgerliche Zufriedenheit, beachtlicher Wohlstand, tiefe Zuneigung kommen in dem Bild zum Ausdruck.

Peter Paul Rubens
(Siegen/Westf. 1577 – Antwerpen 1640)

Der sterbende Seneca. Um 1612/13

Holz, 185 x 154,7 cm – Inv.-Nr. 305 – Aus der Düsseldorfer Galerie

Von seinem eigenen Schüler, Kaiser Nero, des Verrates bezichtigt, ist Seneca zum Selbstmord gezwungen. Ein befreundeter Arzt öffnet ihm die Adern, warmes Wasser soll den Fluß des Blutes beschleunigen. Ein Schreiber versucht verzweifelt, die letzten Worte des Philosophen einzufangen: »VIR[TUS]« (Tugend). Gemeint ist die Tugend stoischer Haltung, der Seneca im Sterben mustergültig Ausdruck verleiht. Rubens und sein Bruder Philipp waren dem Neostoizismus verbunden. Der denkmalhafte Charakter des Gemäldes ist auf das Vorbild zurückzuführen, das Rubens hier zitiert: die antike Statue eines afrikanischen Fischers, die im 17. Jahrhundert als »Sterbender Seneca« galt und die Rubens mit der Bildnisbüste des »Pseudo-Seneca« aus seinem Besitz verband.

Peter Paul Rubens
(Siegen/Westf. 1577 – Antwerpen 1640)

Das Große Jüngste Gericht. 1617
Leinwand, 606 x 460 cm – Inv.-Nr. 890 – Aus der Düsseldorfer Galerie

Die wohl großartigste Vision vom Ende der Welt nach Michelangelo: Christus erscheint, um die Menschen zu richten. Die Gräber öffnen sich, die Toten stehen auf, um die Scheidung in Selige und Verdammte zu erwarten (Mt 24 und 25). Das Gemälde wurde im Auftrag Herzog Wolfgang Wilhelms von Pfalz-Neuburg für den Hochaltar der Jesuitenkirche in Neuburg a.d. Donau geschaffen. Die nackten Gestalten erregten bald Mißfallen. Nur wenige Jahrzehnte blieb das monumentale Werk – z.T. verdeckt – an seinem Platze. 1692 wurde es in die Düsseldorfer Galerie überführt.

Peter Paul Rubens

(Siegen/Westf. 1577 – Antwerpen 1640)

Die Amazonenschlacht. Um 1617/18

Holz, 121 x 165 cm – Inv.-Nr. 324 –
Aus der Düsseldorfer Galerie

Das Ereignis der antiken Mythologie läßt sich nicht genau bestimmen, mehrfach war das kriegerische Frauenvolk aus Kleinasien in Kämpfe verwickelt. Hier sind sie Verlierer, ihnen bleibt nur die Flucht oder der Tod.
In genialer Ausnutzung des dargestelltes Ortes verteilt Rubens die Handlung auf zwei Ebenen. Der Brückenbogen bildet ein Zentrum, das der Bewegungsstrom der Kämpfenden umkreist, der Durchblick verleiht der reliefhaften Komposition Tiefe. Die skizzenhafte, fließende Handschrift verbindet sich ideal mit der tumultuarischen Situation. Leonardo, Raffael und Tizian sind Vorbilder, von denen sich Rubens hier anregen ließ.

Peter Paul Rubens

(Siegen/Westf. 1577 – Antwerpen 1640)

Der trunkene Silen. Um 1616/17

Holz, 205 x 211 cm – Inv.-Nr. 319 –
Aus der Düsseldorfer Galerie

Bocksbeinige Satyrn und andere zum bacchischen Kreis gehörige Gestalten und Tiere sowie einige bäuerliche Personen begleiten unter Flötenspiel und Gelächter den weisen, aber trunksüchtigen Erzieher des Dionysos, der mit angestrengt konzentriertem Blick

und schweren Gliedern seines Weges zieht. Vielleicht bezog Rubens die Rahmenhandlung aus der in Ovids Metamorphosen geschilderten Sage, derzufolge Silen, als er sich verlaufen hatte, von phrygischen Bauern zu König Midas geführt wurde; dieser erkannte ihn sogleich und richtete ein Fest für ihn aus. Die Darstellung ist jedoch keine getreue Illustration eines literarischen Stoffes, sondern frei gestaltetes Sinnbild mit einer Moral: der humanistisch verbrämten und augenzwinkernd mitgeteilten Warnung vor übermäßigem Weingenuß.
Die Komposition war anfangs halbfigurig konzipiert und wurde von Rubens selbst später vergrößert. Das Bild hing im Antwerpener Haus des Künstlers.

Peter Paul Rubens und Jan Brueghel d. Ä.

Madonna im Blumenkranz. Um 1616/17

Holz, 185 x 209,8 cm – Inv.-Nr. 331 – Aus der Düsseldorfer Galerie

Die Bilderverehrung der Gegenreformation wird hier zum Thema. Wie eine Hausmadonna an grauer Fassade, die am Festag mit Blumen geschmückt wird, wirkt das gerahmte »Bild im Bild«. Doch die Dargestellten verlieren völlig ihren Abbild-Charakter, sie werden lebendig und erfreuen sich an dem Schmuck: Nicht das Bild wird verehrt, sondern die Muttergottes, auf die es verweist. Den Blumenkranz überließ Rubens seinem Freund, dem Blumen-Brueghel. Das ungewöhnliche Motiv der Madonna an der Wiege findet man bereits in der Druckgraphik vor Rubens.

Peter Paul Rubens
(Siegen/Westf. 1577 – Antwerpen 1640)

Raub der Töchter des Leukippos.
Um 1617/18

Leinwand, 224 x 210,5 cm – Inv.- Nr. 321 – Aus der Düsseldorfer Galerie

Kastor und Pollux (Polydeukes), Söhne der Leda und des Zeus, rauben Hilaeira und Phoibe, die Töchter des Königs Leukippos von Argos, kurz vor deren Hochzeit. Lynkeus und Idas, die betrogenen Ehemänner, stellen die Räuber. Idas tötet Kastor, Polydeukes den Lynkeus, Zeus fällt Idas mit einem Blitzstrahl. Nur der erste, lustvolle Teil der Geschichte ist für Rubens Thema gewesen: Eher höflich-bemüht als gewalttätig gestaltet sich die Aktion, wenig verzweifelt erscheint die Gegenwehr. Mädchenraub war eine legitime Form der Hochzeit in Lakonien – vielleicht wußte das der Humanist Rubens. Die kleinen Amoretten verweisen auf den heiligen Bezirk der Aphrodite, in dem das Ereignis stattfand. Wurde das Gemälde aus Anlaß einer Vermählung, einer Doppelhochzeit gar, in Auftrag gegeben? Über die Zweckbestimmung ist nichts bekannt.
Rubens gelingt das Meisterstück, vier Personen und zwei Pferde auf einer quadratischen Tafel »flächendeckend« darzustellen und dennoch ein gewisses Maß an Natürlichkeit zu wahren. Eine ausgefeilte Choreographie liegt der Gruppe zugrunde. Durch das mehr Über- als Hintereinanderstaffeln und das enge Verklammern der Figuren bleibt sie überwältigend nahe an der vorderen Bildebene und behält so ihre monumentale Wirkung. Der niedrige Horizont trägt das Seine dazu bei. Parallelismen und Symmetrien der Gliedmaßen verleihen dem Ganzen geradezu ornamentalen Charakter.

Peter Paul Rubens
(Siegen/Westf. 1577 – Antwerpen 1640)

Die Löwenjagd. 1621
Leinwand, 249 x 377 cm – Inv.-Nr. 602 – 1748 im Inventar der Münchner Residenz erwähnt

Es geht um Leben und Tod von Jägern und Gejagtem. Unmittelbar bevor ihm von mehreren Seiten der tödliche Stoß versetzt wird, reißt der mächtige Löwe im Zentrum den Jäger vom Pferd. Todesangst zeichnet dessen Züge, ein anderer liegt bereits tot am Boden. Ein dritter versucht sich eines weiteren Tieres zu erwehren.
An der Konzentration und Verdichtung der Handlung lag Rubens alles. »Anmut und Vehemenz« (grâce et véhémence) sind die Begriffe, die er selbst in einem Brief verwendet, in dem er über seine Arbeit berichtet. Er zählte das Bild unter seine besten. Der Auftraggeber, der Gesandte John Digby, ließ es als Geschenk für den Grafen Hamilton malen.

Ölskizze zur Löwenjagd. 1621
Holz, 44 x 50 cm – Inv.-Nr. 15475 – Erworben 1996 mit Unterstützung der Kulturstiftung der Länder, der Bayerischen Hypotheken- und Wechselbank und des Ernst-von-Siemens-Kunstfonds

Ein frühes Entwurfsstadium mit Konzentration auf das dramatische Zentrum. Alle Stufen der Ausführung – vom Konturieren bis zum Modellieren – sind zu finden. Man gewinnt aufregende Einblicke in die kreative Arbeit des Künstlers. Auf der Rückseite befindet sich ein Entwurf zum Medicizyklus.

Peter Paul Rubens
(Siegen/Westf. 1577 – Antwerpen 1640)

Der Höllensturz der Verdammten. Um 1620/21
Holz, 288 x 225 cm – Inv.-Nr. 320 – Aus der Düsseldorfer Galerie

Verbildlicht werden die Worte des Weltenrichters nach dem Matthäus-Evangelium (25,41): »Weichet von mir, ihr Verfluchten, in das ewige Feuer, das bereitet ist dem Teufel und seinen Engeln.« Monströse Wesen, die am Beginn der Zeiten gefallenen »Engel« des Teufels, attackieren die Verdammten, noch während sie von rechts oben, wie von einem gewaltigen Sog erfaßt, in die Tiefe gerissen werden. Christus, die Seligen sowie die fürbittenden Maria und Johannes, die in keiner Gerichtsdarstellung fehlen, bleiben – hier erstmals – ausgeblendet. Es ist zu spät, der Erzengel Michael vollstreckt mit Blitz und Donner das Urteil. Eine dramatische Licht- und Farbregie steigert das Grauen, läßt feiste Leiber im Licht aufblitzen, während andere bereits von der Gluthitze des Höllenfeuers verzehrt werden und sich in der Bildtiefe verlieren. Der untere, nachträglich von Rubens angefügte Streifen verspannt die Komposition. Aus der Menge heraus blicken uns einzelne Gepeinigte mahnend an.

Peter Paul Rubens

(Siegen/Westf. 1577 – Antwerpen 1640)

Medicizyklus: Die Landung in Marseille – Der Götterrat. 1622

Holz, 64 x 50 und 55 x 92 cm – Inv.-Nr. 95 und 103 – Aus der Kurfürstlichen Galerie

Zwischen 1621 und 1625 schuf Rubens 24 Monumentalgemälde mit Ereignissen aus dem Leben der Maria de' Medici, der Gemahlin des 1610 ermordeten Königs Heinrich IV. von Frankreich (heute im Louvre). Die Alte Pinakothek besitzt 17 von 25 erhaltenen Entwurfsskizzen. Die *Landung in Marseille* (3. November 1600) zeigt die Begrüßung der Königin durch Francia (Personifikation Frankreichs) und Massilia (Marseille). Im »Götterrat« läßt Maria sich als Friedensstifterin feiern, die durch kluge Heiratspolitik Spanien und Frankreich verbindet: Apoll und Athena vertreiben Zwietracht und Betrug. Zahlreiche Antikenzitate hat Rubens hier eingebaut.

Rubens bereitete seine Werke in der Regel durch Ölskizzen vor, die dem Auftraggeber zur Genehmigung vorgelegt wurden und der Werkstatt, ergänzt durch gezeichnete Detailstudien, als Vorlage für die Ausführung dienten. Oft – zumal bei Großaufträgen – zeigt sich nur hier die ureigene Handschrift des Meisters.

Peter Paul Rubens
(Siegen/Westf. 1577 – Antwerpen 1640)

Das Apokalyptische Weib. 1624/25
Leinwand, 548 x 365 cm – Inv.-Nr. 891 – 1804 als Säkularisationsgut aus dem Dom zu Freising

Im 12. Kapitel der Offenbarung beschreibt Johannes seine Vision von der Frau, bekleidet mit der Sonne, mit dem Mond unter den Füßen und einem Sternenkranz um das Haupt. Sie gebiert ein Kind, das ein siebenköpfiger Drache bedroht. Das Kind wird zu Gott entrückt, die Frau erhält Flügel, um fliehen zu können. Der Erzengel Michael und seine Heerscharen kommen und stürzen das Untier auf die Erde.
Das rätselhafte Motiv tritt in vielfachen Variationen auf: als Sinnbild der bedrohten Kirche, der leiblichen Aufnahme Marias in den Himmel, der Immaculata. Die Beliebtheit des Motivs zur Zeit der Gegenreformation bedarf kaum einer Erklärung. Das Gemälde war für den Hochaltar des Freisinger Domes bestimmt. Eine Ansicht der Stadt ist im Hintergrund eingefügt.

Peter Paul Rubens

(Siegen/Westf. 1577 – Antwerpen 1640)

Helene Fourment im Brautkleid. Um 1630

Leinwand, 163,5 x 136,9 cm – Inv.-Nr. 340 – Erworben 1698 durch Kurfürst Max Emanuel

Vier Jahre nach dem Tode seiner ersten Frau (siehe die *Geißblattlaube*) heiratete Rubens die sechzehnjährige Helene Fourment, Tochter eines angesehenen Kaufmannes.

Peter Paul Rubens

(Siegen/Westf. 1577 – Antwerpen 1640)

Der bethlehemitische Kindermord. Um 1636/38

Holz, 199 x 302 cm – Inv.-Nr. 572 – Vor 1706 gelangte es in die Kurfürstliche Galerie

Das grausame Gemetzel aus dem Matthäusevangelium (2,16–18) läßt sich kaum in Worte fassen, leichter ist es, das Gemälde als kompositorisches Meisterwerk des späten Rubens zu beschreiben. Die Handlung tragen drei Hauptgruppen, in denen sich stets das gleiche Wechselspiel von Mordlust und Verzweiflung, brutalem Töten und furienhafter, jedoch aussichtsloser Gegenwehr abspielt. Die Gruppen links und rechts sind als geschlossene Einheiten gebildet. Die mittlere leitet das Auge – ausgehend von der als Denkmal mütterlicher Verzeiflung gestalteten Frau, die eine blutige Windel zum Himmel reckt – zum Palast, wo Herodes auf Vollzugsmeldung wartet.

Abraham Janssens
(Antwerpen um 1575 – Antwerpen 1632)

Der Olymp. Um 1615/20
Leinwand, 207 x 240 cm – Inv.-Nr. 4884 – Aus der Kurfürstlichen Galerie

Das Bild liest sich wie ein Katalog der griechischen Mythologie: Dargestellt sind von links die gerüstete Athena, Hera mit dem Pfau, Zeus mit dem Adler, Diana mit Mondsichel, Apoll mit der Leier, Ares gerüstet (halbverdeckt), Venus mit Amor (im Vordergrund), Herakles mit der Keule. Die Darstellung bezieht sich auf das 10. Buch der Aeneis Vergils: Venus steht vor dem Götterkollegium und tritt am Vorabend des Trojanischen Krieges vehement für ihren Sohn, den Trojaner Aeneas, ein. Zeus, der keinen Zwist will, scheint nach kurzer Rede resigniert zu haben. Die Dinge nehmen ihren Lauf.
Abraham Janssens ist der Hauptvertreter der »klassizistischen« Richtung der Antwerpener Malerei. Die im *Olymp* verarbeitete Kenntnis Caravaggios kommt in der kräftigen, aus dem Spiel von Licht und Schatten gewonnenen Plastizität und der klaren Zeichnung der Körper zum Ausdruck. Motivische Anregungen holte sich Janssens in Raffaels Farnesina-Fresken. Von Rubens zeigt er sich gänzlich unbeeinflußt.
Die leichte Unteransichtigkeit des Gemäldes könnte auf einen ursprünglich hohen Anbringungsort, z.B. über einem Kamin, hinweisen.

Jacob Jordaens

(Antwerpen 1593 – Antwerpen 1678)

Allegorie der Fruchtbarkeit. Um 1617

Leinwand, 250 x 240 cm – Signiert – Inv.-Nr. 10411 – Erworben 1937 aus dem Kunsthandel

Dicht drängen sich die Figuren im Vordergrund des Bildes, sie scheinen einen Kreislauf aus Geben und Nehmen darzustellen. Die Figuren im einzelnen zu benennen ist kaum möglich. Ceres, die Erdmutter und Göttin des Ackerbaus, könnte in der nach links gewendeten Gestalt erkannt werden. Die übrigen, Nymphen und Satyrn, geben dem Bild allgemeine Bedeutung. Die Natur spendet im Überfluß – das ist das Thema, das der Künstler mehrfach mythologisch verbrämt variierte.

Das Gemälde gehört zum Frühwerk Jordaens', der erst zwei Jahre zuvor als Meister in die Antwerpener Malergilde aufgenommen worden war. Im grellen Kolorit und in den überraschend aufreißenden Tiefenblicken oben und links zeigt der Vierundzwanzigjährige manieristische Reminiszenzen, im Motivischen verarbeitet er Aktuellstes. Nach dem Tod von Rubens und van Dyck hatte Jordaens noch drei Jahrzehnte fruchtbaren Schaffens vor sich.

Jacob Jordaens

(Antwerpen 1593 – Antwerpen 1678)

Der Satyr beim Bauern. Um 1620/21

Leinwand auf Holz, 174 x 205 cm – Inv.-Nr. 425 – Aus der Düsseldorfer Galerie

Jordaens hat das einer Fabel des Aesop entnommene Thema mehrfach gemalt. Der Satyr besucht den Bauern und ist zutiefst irritiert, daß dieser durch Blasen zunächst seine Hände wärmt und auf gleiche Weise sein Essen kühlt. Fluchtartig verläßt er das Haus.
Da diese Geschichte eine moralische Botschaft vermitteln soll – sie warnt vor der Doppelzüngigkeit der Menschen, die freundlich reden und böse meinen – wirkt das Naturwesen eher lehrerhaft als erschreckt.

Anthonis van Dyck

(Antwerpen 1599 – London 1641)

Selbstbildnis. Um 1621/22

Leinwand, 82,5 x 70,2 cm – Inv.-Nr. 405 – Aus der Düsseldorfer Galerie

Gerade zwanzig Jahre alt, gab der Künstler ein frühes Zeugnis seiner Porträtkunst. Prüfend (der Blick gilt dem Porträtierenden selbst) schaut er aus dem Bild heraus. Trotz seiner jugendlichen Erscheinung ist der Künstler sehr auf repräsentative Wirkung bedacht. Beschreibungen der Zeit heben sein angenehmes, mehr einem Adligen als einem Bürgerlichen gleichendes Auftreten wie auch die elegante Kleidung hervor. Die goldene Kette, wohl Geschenk des Herzogs Ferdinando Gonzaga, fügte der Künstler später im Zuge einer Überarbeitung und Erweiterung des Gemäldes ein.

Anthonis van Dyck
(Antwerpen 1599 – London 1641)

Filips de Godines. 1627/32

Leinwand, 211,5 x 137,6 cm – Inv.-Nr. 995 – Aus der Kurfürstlichen Galerie

Der Dargestellte (1603–1633), Sohn eines portugiesischen Kaufmanns, war Steuereinnehmer des spanischen Königs. Van Dyck läßt ihn einen Fuß auf eine Stufe setzen und verleiht dadurch dem massigen Körper überraschende Lebendigkeit und Spannkraft. Gegenstück ist das Bildnis seiner Frau, Sebilla van den Berghe (nicht abgebildet).

Anthonis van Dyck
(Antwerpen 1599 – London 1641)

Susanna im Bade. Um 1622/23

Leinwand, 194 x 144 cm – Inv.-Nr. 595 – Aus der Düsseldorfer Galerie

Was die Bibel (Daniel 13) in aller Breite ausführt, wird in wenigen Gebärden und Blicken verdichtet: das Erschrecken der Susanna, die Geilheit der Alten, die sie bedrängen, die kraulende Berührung der spinnenartigen Hand, die sie erschaudern läßt, das onkelhafte Drohen und die falsche Strenge des Jüngeren, der ihr unverhohlen das Tuch entreißen will, mit dem sie ihre Blöße bedeckt. Ein Fall sexueller Nötigung, der aufgrund der Standhaftigkeit der Frau und des Eingreifens des jungen klugen Daniel letztenendes gut ausgeht. Die Alten werden verurteilt und bestraft. Van Dyck zeigt sich als großer Erzähler mit Sinn für Psychologie: In Kenntnis des männlichen Blicks, vermag er sich sehr wohl auch in die weibliche Sichtweise einzufühlen.

Die Geschichte der Susanna im Bade war ein oft dargestelltes Tugendbeispiel.

Anthonis van Dyck
(Antwerpen 1599 – London 1641)

Beweinung Christi. 1634

Holz, 108,7 x 149,3 cm – Monogrammiert und datiert – Inv.-Nr. 606 – Aus der Düsseldorfer Galerie

Maria sitzt am Boden und stützt mit Beinen und Oberkörper ihren vom Kreuz abgenommenen Sohn. In stiller Klage hebt sie die verweinten Augen, die keine Tränen mehr haben. Opfernd und zeigend zugleich ist ihre Gebärde. Engel und Cherubim klagen mit ihr. Das Kreuz, die Dornenkrone und die blutigen Nägel im Vordergrund laden den Betrachter zur Passionsmeditation ein.
Eine Art »Summe der Mariologie« hat van Dyck geschaffen, betont wird die vermittelnde Funktion Mariens. Die auffällige Lage Christi an der Brust der Mutter ließ den Zeitgenossen vermutlich an das »Myrrhenbündel« des Hoheliedes denken, das »zwischen den Brüsten« der Braut ruht (HL 1,12) – ein weithin geläufiges Motiv, das seit Jahrhunderten bereits auf die mitleidende Gottesmutter bezogen wurde. Das schrägliegende Kreuz führt diesen Gedanken fort: Raffiniert hält der Künstler den Eindruck in der Schwebe, es liege auf den Schultern Mariens. Damit wird dem auch der Barockzeit vertrauten Gedanken Ausdruck verliehen, die Mutter habe durch ihr Mitleiden Anteil am Erlösungswerk des Sohnes erworben (Co-Redemptio). Formal ist das außergewöhnliche Bild einer in Stichen verbreiteten Komposition Michelangelos verpflichtet, die malerische Haltung und das Kolorit erinnern an Tizian. Flott gemalte Partien kontrastieren zu plastisch ausmodellierten wie dem Christuskörper auf weißem Tuch.

Frans Francken d. J.
(Antwerpen 1581 – Antwerpen 1642)

Gastmahl im Hause des Bürgermeisters Rockox. Um 1630/35
Holz 62,3 x 96,5 cm – Signiert – Inv.-Nr. 858 – Aus der Düsseldorfer Galerie

Galeriedarstellungen waren ein Spezialgebiet der flämischen Malerei des 17. Jahrhunderts. Der auf dem Gebiet führende Francken zeigt hier den Empfangsraum im Haus des Nicolas Rockox, des angesehenen Patriziers und neunmaligen Bürgermeisters von Antwerpen. An den Wänden hängen Gemälde, die wie die antiken Bildnisbüsten identifizierbar und im Nachlaßinventar nachzuweisen sind: Man erkennt Rubens' *Simson und Delilah*, Jan Sanders van Hemessens *Hl. Hieronymus*, Marinus van Reymerswaeles *Geldwechsler*, Quinten Massys' *Salvator*. Während die Umgebung wohl ein getreues Abbild des Salons wiedergibt, handelt es sich bei der Figurenstaffage um Phantasiegestalten, die die Fünf Sinne darstellen. Durch die Tür im Nebenraum fällt der Blick auf den *Ungläubigen Thomas*, den Rubens 1613/15 für die Grabkapelle der Familie Rockox malte. Sollte man darin – angesichts des überbordenden Reichtums im Vordergrund – einen Hinweis auf die Vergänglichkeit alles Irdischen sehen?

Adriaen Brouwer
(Oudenaarde 1605/06 – Antwerpen 1638)

Der Geschmack. Um 1635

Holz, 23,7 x 20,5 cm – Monogrammiert – Inv.-Nr. 626 – 1748 im »flamändischen Cabinet« in Schleißheim

Adriaen Brouwer ist ein Künstler des kleinen Formates, spezialisiert auf das Bauern-Genre, das er in höchster malerischer Raffinesse darbot. Hier greift er die alte Tradition der Fünf-Sinne-Bilder auf und verbindet sie mit einer Wirtshausszene. Rauchen schädigt die Gesundheit – das wußte man bereits damals und verurteilte das »Tabaktrinken« so heftig wie heute wieder. Wie lecker es jedoch sein kann – dazu genügt ein Blick auf die verzückten Züge des Mannes am Tisch, der genüßlich den Rauch aus dem Mund aufsteigen läßt.

Adriaen Brouwer
(Oudenaarde 1605/06 – Antwerpen 1638)

Dorfbaderstube. Um 1631

Holz, 31,4 x 39,6 cm – Inv.-Nr. 561 – Aus der Düsseldorfer Galerie

1631 ließ sich Brouwer, aus Haarlem bzw. Amsterdam kommend, in Antwerpen nieder. Unmittelbar danach entstand dieses Bild. Barbier, Quacksalber und Chirurg – der Bader konnte alles. Hier operiert er einem Patienten den Fuß. Seine Assistentin sterilisiert inzwischen auf einem Stövchen das Messer für den nächsten Kunden. Typisch für Brouwer sind neben der Betonung des Affekts die stillebenhaften Einzelmotive, die wie die feinmalerisch behandelten Stoffe dem Betrachter aus unbunter Umgebung ins Auge springen.

David Teniers d. J.
(Brüssel 1610 – Brüssel 1690)

Wirtsstube. Um 1639/40

Holz, 37,3 x 52,8 cm – Inv.-Nr. 818 –
Aus der Kurfürstlichen Galerie

Teniers gehört zu den erfolgreichen Nachfolgern Adriaen Brouwers. Anders als dem jung verstorbenen Vorbild war ihm eine sehr lange Tätigkeit vergönnt, die praktisch das ganze Jahrhundert umfaßte. Die *Wirtsstube* gehört zum reifen Werk des Künstlers, als sich nach dem Tode Brouwers seine Palette aufhellte und die Lichtführung gleichmäßiger wurde. Das Vorbild zeigt sich in zahlreichen Zitaten.

Teniers schuf neben dem Wirtshausgenre auch Landschaften, Ernte- und Kirmesdarstellungen. 1651 wurde er zum Hofmaler des Statthalters Spaniens, Erzherzog Leopold Wilhelms, ernannt. Er kann als der erfolgreichste Genremaler der südlichen Niederlande gelten, dessen Werke in ganz Europa begehrt waren.

Holländische Malerei des 17. Jahrhunderts

Holland – das war ursprünglich nur eine der sieben nördlichen Provinzen der Niederlande, die sich seit 1568 von den spanisch beherrschten südlichen lösten. Der bilderlose calvinistische Glaube gab der Kunst gegenüber der katholischen Region ein besonderes Gepräge. Die Kirche entfiel als Auftraggeber. Jedoch ließ der wachsende Wohlstand des »Goldenen Zeitalters« im Bürgertum eine Kennerschaft heranwachsen, die qualitativ hochwertige Malerei forderte und in der Fachmalerei ein entsprechendes Angebot vorfand. Die Themen sind an der gesehenen Wirklichkeit orientiert, erscheinen jedoch oft mit moralisierendem Hintersinn. Die Bildformate sind klein, geeignet für die Privathäuser der Klientel. Rembrandt ist in der Alten Pinakothek mit außerordentlichen Werken vertreten, u.a. seinem Jugendbildnis, der Kreuzaufrichtung und -abnahme. Die Gemälde stammen aus der Düsseldorfer, Mannheimer und Zweibrücker Galerie.

Esaias van de Velde
(Amsterdam um 1591 – Den Haag 1630)

Eisbelustigung auf dem Wallgraben. 1618

Holz, 29,8 x 50,4 cm – Signiert und datiert – Inv.-Nr. 2884 – Aus der Zweibrücker Galerie

Der Schritt, den die Entwicklung der holländischen Landschaftskunst mit Esaias van de Velde vollzog, läßt sich durch den Vergleich mit dem nur fünfzehn Jahre früher entstandenen *Großen Fischmarkt* Jan Brueghels d. Ä. verdeutlichen: Der idealen komponierten Landschaft ist die gesehene Wirklichkeit gewichen. Die Trennung der Bildgründe durch farbliche Abstufung wird durch den lichtdurchfluteten Einheitsraum abgelöst, den das Auge bis zum Horizont frei durchmessen kann. Die reduzierte Palette setzt auf atmosphärische Wirkung und weist in ihrer feinen Nuancierung auf die Tonmalerei des Schülers Jan van Goyen voraus.

Paulus Moreelse
(Utrecht 1571 – 1638 Utrecht)

Die blonde Schäferin. 1624

Leinwand, 76,1 x 63,2 cm – Monogrammiert und datiert – Inv.-Nr. 13183 – Aus der Düsseldorfer Galerie

Schäferstücke (Pastorale) der Barockzeit zeigen idealisierte Gestalten eines naturnahen Lebens, deren (u.a. erotische) Freiheiten die städtischen Bürger faszinierten.

Pieter Lastman
(Amsterdam 1583 – Amsterdam 1633)

Odysseus und Nausikaa. 1619

Holz, 91,5 x 117,2 cm – Monogrammiert und datiert – Inv.-Nr. 4947 – Erworben 1792 durch den Kurfürsten Karl Theodor

Dargestellt ist ein Ereignis aus Homers Odyssee (6. Gesang): Vor der Küste der Phäaken-Insel Scheria zerschmettert Poseidon das selbstgezimmerte Floß des Odysseus, mit dem der Held seine Heimreise im Anschluß an sein Abenteuer mit Kalypso fortsetzte. Schwimmend erreicht er den Strand. Dort trifft er auf Nausikaa, die Tochter des Königs Alkinoos, die mit ihren Gefährtinnen Wäsche wäscht. Am Hofe des Königs wird er freundlich empfangen und kann schließlich, mit einem neuen Schiff ausgerüstet, in die Heimat zurückkehren.
Lastman zeigt, wie Nausikaa, überrascht zwar, jedoch gefaßt, dem gestrandeten Bittflehenden gegenübertritt, während die Gefährtinnen vor dem nackten Mann panisch zu entfliehen versuchen. Deutlichkeit und Eindeutigkeit – das scheint das Ziel der Bildsprache Lastmans zu sein. Eine ausdrucksvolle Gebärdensprache ist wesentlicher Träger der Bild-Erzählung. Die buntfarbige Komposition betont die beiden Hauptakteure, der Betrachter blickt ungefähr aus Odysseus' Augenhöhe auf die Szene. Nausikaa erscheint als Ruhepol in all der Aufregung. Ihr Blickkontakt mit dem knienden Odysseus bildet eine aus der Bildtiefe kommende abfallende Diagonale, die die dramatische Tiefenstaffelung der Gefährtinnen kreuzt und die Bildfläche verspannt.
Mit seiner Abkehr von manieristischen Prinzipien der Historienmalerei schuf Lastman eine Grundlage, auf der sein Schüler Rembrandt aufbauen konnte.

Gerrit van Honthorst
(Utrecht 1590 – Utrecht 1656)

Fröhliche Gesellschaft. 1622

Leinwand, 130 x 195,6 cm – Signiert und datiert – Inv.-Nr. 1312 – Aus der Düsseldorfer Galerie

»Gherardo della Notte«, als Maler der Nacht wurde Honthorst bezeichnet. 1620 brachte er die Helldunkel-Manier Caravaggios aus Italien nach Norden. Besonders im Utrechter Malerkreis wurde er damit schulbildend. In der *Fröhlichen Gesellschaft* wie in vielen anderen seiner Bilder findet das Helldunkel durch das Kerzenlicht eine natürliche Begründung: Es ermöglicht eine Abstufung der Lichtwerte von gleißendhell bis tiefschwarz. Das Thema, eine letztlich moralisierende Warnung vor Trunkenheit und dem damit einhergehenden Sittenverfall, hat sich aus dem biblischen Gleichnis vom verlorenen Sohn entwickelt.

Frans Hals
(Antwerpen 1582/83 – Haarlem 1666)

Bildnis des Willem van Heythuysen. Um 1625

Leinwand 204,5 x 134,5 cm – Inv.-Nr. 14101 – Erworben 1969 aus der Sammlung Liechtenstein, Vaduz

Willem van Heythuysen war in Haarlem als Garnhändler zu erheblichem Reichtum gekommen. Vor barock-pathetischer Kulisse, in teuerster Kleidung und mit selbstbewußtem, leicht herablassendem Habitus läßt Hals ihn auftreten. Jedoch verweisen die am Boden liegenden welkenden Rosen auf die Begrenztheit des irdischen Reichtums. Der Dargestellte ging entsprechend seiner calvinistischen Lebenshaltung sinnvoll mit seinem Vermögen um: Aus dem Nachlaß-Erlös wurden zwei Armenhäuser gegründet, von denen noch heute eines in Haarlem existiert.

Frans Hals
(Antwerpen 1582/83 – Haarlem 1666)

Bildnis des Willem Croes.
Um 1662/66.

Holz, 47,1 x 34,4 cm – Inv.-Nr. 8402 – Monogrammiert – Erworben 1906

Die skizzenhaft offene Malweise dieses späten Meisterwerkes des Künstlers ist erstaunlich: Pinselstrich steht neben Pinselstrich, Flächen sind nur andeutungsweise gegliedert, einige Partien bleiben unvollendet. Doch aus der Distanz entwickelt die kräftige Gestalt des selbstbewußten Bürgers eine nicht minder erstaunliche plastische Präsenz.

Willem Croes war Bierbrauer in Haarlem. Er starb 1666, drei Wochen vor dem Künstler.

Rembrandt Harmensz. van Rijn
(Leiden 1606 – Amsterdam 1669)

Selbstbildnis. 1629

Holz, 15,5 x 12,7 cm – Monogrammiert und datiert – Inv.-Nr. 11427 – Erworben 1953 von der Herzoglich Sachsen-Coburg Gotha'schen Familienstiftung

Das handgroße Bildnis zeigt den Künstler im Alter von dreiundzwanzig Jahren. Sehr spontan wirkt das Halbprofil, wie im Vorbeigehen festgehalten, die dunklen Augen – scheu fast – fragend aufgerissen und der Mund wie zum Sprechen geöffnet. Das Licht fällt scharf von links oben, streift die Wange und die klobige Nase und läßt den weißen Kragen aufleuchten, der aus treffsicher gesetzten flüssig-pastosen Pinselstrichen gestaltet ist. Bei seinen kraus-lockigen Haaren, die widerspenstig in alle Richtungen stehen, kürzte Rembrandt sich die Arbeit ab. Mit dem Pinselstiel ritzte er in die feuchte Farbe, so daß der Holzgrund sichtbar wird. Kein anderer Künstler vor ihm und kaum einer nach ihm hat sich so häufig selbst dargestellt wie Rembrandt. Der Blick aus dem Bild heraus ist – im Spiegel – immer der Blick auf sich selbst.

Rembrandt Harmensz. van Rijn
(Leiden 1606 – Amsterdam 1669)

Kreuzabnahme Christi. 1633

Holz, 89,4 x 65,2 cm – Signatur zweifelhaft – Inv.-Nr. 395 – Aus der Düsseldorfer Galerie

Ein harter Lichtkegel trifft die fünf Männer, die mit vereinten Kräften den Leichnam Christi vom Kreuz herablassen. Nichts Schönes ist mehr an ihm (Isaias 53,2), das Fleisch ist fahl und welk, die Glieder hängen schlaff und schwer herab und machen den verzweifelten Helfern alle Mühe. Man vergleiche dazu Rubens idealisierte Christusgestalten! In der Gestalt in leuchtend blauer Kleidung ist – wie in der zugehörigen *Kreuzaufrichtung* – ein Selbstbildnis des Künstlers erkannt worden. Der Rest der Szene versinkt im Dunkel: Links gewahrt man die ohnmächtige Muttergottes, die die Frauen umsorgen. Das Gemälde gehört zu einer Reihe von Bildern, die Rembrandt für den Statthalter Frederik Hendrik von Oranien schuf.

Rembrandt Harmensz. van Rijn
(Leiden 1606 – Amsterdam 1669)

Die Heilige Familie. Um 1633/34
Leinwand, 183,5 x 123 cm – Signiert und (z.T. unleserlich) datiert – Inv.-Nr. 1318 – Aus der Mannheimer Galerie

Wohl nie zuvor wurde die Heilige Familie so diesseitig-menschlich dargestellt. Der Jesusknabe hat sich an der Brust der Mutter satt-getrunken und ist – beim Trinken noch – sanft entschlummert. Voll pflegeväterlicher Freude beugt sich Joseph sanft über die Wiege, Maria neigt sich ihm seitlich zu, während sie mit ihren großen bergenden Händen das Kind hält und ihm die Füße wärmt. Die ausgefeilte Licht-regie und eine abgestufte Malweise betonen, was wichtig ist. Mit dem liegenden Oval als äußerer Kontur der Gruppe fand Rembrandt wohl eine Idealform für die Szene.

Rembrandt Harmensz. van Rijn (Werkstatt)

Die Opferung Isaaks. 1636
Leinwand, 195 x 132,3 cm – Signiert – Inv.-Nr. 438 – Aus der Mannheimer Galerie

Eine grausame Glaubensprüfung, die Gott dem Stammvater Abraham zumutet: Seinen einzigen Sohn soll er opfern. Ein Engel erscheint jedoch im letzten Augenblick, um die Tat zu verhindern (1 Moses 22,1–13). Das Gemälde ist wohl die Arbeit eines Schülers, die Rembrandt verbesserte. »Rembrandt. verandert. En over geschildert« – so steht am unteren Bildrand. Im Unterschied zur St. Petersburger Erstfassung (1635), in der der Engel von links kommt, stößt er hier – wesentlich dramatischer, aber auch perspektivisch deutlich komplizierter – aus der Bildtiefe hervor.

Rembrandt Harmensz. van Rijn
(Leiden 1606 – Amsterdam 1669)

Der auferstandene Christus. 1661

Leinwand, 78,5 x 63 cm – Signiert und datiert (echt?) – Inv.-Nr. 6471 – Aus der Sammlung des Mainzer Domprobstes Hugo Franz Graf von Eltz

Die Tafel wurde zu unbekanntem Zeitpunkt im Format stark reduziert. In der Linken hielt Christus vermutlich Kreuzstab oder Fahne.

Jan van Goyen
(Leiden 1596 – Den Haag 1656)

Bauerngehöfte am Fluß. 1636

Holz, 39,5 x 60 cm – Signiert und datiert – Inv.-Nr. 4893 – Aus der fürstbischöflichen Galerie Würzburg

Dicht gedrängt stehen windschiefe Bauernhäuser, ein Taubenschlag auf hohen Stelzen und knorrige Bäume am Ufer des Flusses, auf dem die hier lebenden Fischer ihrer Arbeit nachgehen. Man ist nicht reich, jedoch zufrieden. Das Gegenbild des Ganzen erscheint im Spiegel der glatten Wasserfläche und betont unaufdringlich die Harmonie von Mensch und Natur. Topographische Treue war nicht das Ziel der Landschaftsbilder van Goyens. Bei seinen Reisen durch das Land entstanden eine Vielzahl von Zeichnungen, die der Künstler später verarbeitete. Der Grundton, dem sich die Gegenstände unterordnen, ist auf Atelierbedingungen zurückzuführen.

Pieter Jansz. Saenredam
(Assendelft 1597 – Haarlem 1665)

Innenansicht der St. Jakobskirche in Utrecht. 1642

Holz, 55,2 x 43,4 cm – Signiert und datiert – Inv.-Nr. 6622 – Aus der fürstbischöflichen Galerie Würzburg

Das Kircheninterieur ist ein Teilgebiet der spezialisierten holländischen Malerei. Die Kirchen sind oft leer – der calvinistische Kirchenraum kennt keine Bilder – allenfalls sieht man eine Kanzel, eine Orgel, wenige Figuren oder auch nur – so wie hier – Totenschilde Utrechter Familien. Es handelt sich um Architekturporträts von großer dokumentarischer Treue, die Saenredam ohne Ausnahme durch genau datierte Zeichnungen vorbereitete. Die Zeichnung zur Jakobskirche entstand bereits sechs Jahre zuvor (12. August 1636). Während seines fünfmonatigen Aufenthaltes in Utrecht starben Tausende Menschen an der Pest. Setzte der Künstler in Erinnerung daran seine Signatur auf einen der Totenschilde?

Carel Fabritius

(Midden-Beemster 1622 – Delft 1654)

Selbstbildnis. Um 1650

Leinwand, 62,5 x 51 cm – Monogrammiert – Inv.-Nr. 2080 – Aus der fürstbischöflichen Galerie Würzburg

In einem Phantasiekostüm stellt sich der Künstler selbst dar, hierin seinem Lehrer Rembrandt nacheifernd. Dem wohl begabtesten aus der großen Schülerschar des Meisters war nur ein kurzes Leben vergönnt, sein Œuvre blieb schmal, wurde jedoch wegweisend für die Delfter Jan Vermeer und Pieter de Hooch. Zweiunddreißigjährig kam Fabritius bei einer Explosion des städtischen Pulvermagazins ums Leben. Der Künstler hatte zunächst das Zimmermannshandwerk gelernt und seinen Nachnamen danach gewählt (lat. faber). Viele Forscher halten das Werk für ein Selbstbildnis des Barent Fabritius, Carels Bruder, der ebenfalls Rembrandtschüler war.

Willem Kalf

(Rotterdam 1619 – Amsterdam 1693)

Stilleben mit Porzellankanne. 1653

Holz, 44,9 x 35,7 cm – Signiert und datiert – Inv.-Nr. 10763 – Erworben 1940 aus dem Berliner Kunsthandel

Willem Kalf siedelte sich nach seinen von einem Paris-Aufenthalt unterbrochenen Rotterdamer Jahren um 1650 in Amsterdam an, wo er bis zu seinem Lebensende blieb. Hier führte er die Gattung des Stillebens zu ihrer höchsten Verfeinerung, während er in Paris auch das bäuerliche Genre gepflegt hatte. Das Stilleben mit Porzellankanne ist das früheste datierte Werk des neuen Lebensabschnittes. Charakteristisch für den Künstler ist das Dunkel, aus dem die kunstvoll arrangierten Gegenstände leuchten, und das Spiel, das das wenige Licht auf den Oberflächen der verschiedenen Materialien – Porzellan, Glas, Früchte, Metall – entfaltet.

Philips Koninck
(Amsterdam 1619 – Amsterdam 1688)

Flachlandschaft. Um 1653/55

Leinwand, 133,3 x 165,7 cm – Inv.-Nr. 9407 – Erworben 1927 im Kunsthandel

Fast zwei Drittel des Bildes zeigen Himmel: Da werden die Wolken zum Thema. Der Wind treibt sie – wohl nach kräftigem Regenguß – schwarz und schwer, zerfranst und aufgetürmt vor sich her. Vereinzelt scheint das Himmelsblau durch, das Wetterbesserung verspricht. Von einem hohen Standort aus stellt der Maler seine Landschaft dar, die vom Wechsel aus Licht, Schatten und Halbschatten lebt, wie ihn schnell dahinziehende Wolken hervorbringen. Schmale Baum- und Buschreihen, deren Wurzeln das gefährdete Land am Meer sichern, gliedern die Fläche, ein gemächlich sich dahinziehender Fluß setzt helle Akzente. Es passiert wenig: Im Vordergrund wirft ein Angler seine Rute aus, im Mittelgrund treibt ein Schäfer seine Herde voran. Ein Dorf mit hohem Kirchturm fällt kaum auf. Die Natur hat das Sagen, und die Welt ist nicht sehr bunt. Silbriggrün die Vegetation, ockergelb die Erde, grau und weiß in Abstufungen Wolken und Wasser. Die zurückhaltende Palette steigert sich im Vordergrund am lehmhaltigen Ufer zu materialhafter Pastosität. Dies ist kein Landschaftsporträt. Angeregt von Gesehenem, versucht Koninck, ein Meister seines Faches, den Idealtypus der holländischen Landschaft zu erfinden.

Abraham van Beyeren

(Den Haag 1620/21 – Overschie 1690)

Großes Stilleben mit Hummer. 1653

Leinwand, 125,5 x 105 cm – Monogrammiert und datiert – Inv.-Nr. 1620 – Aus der Mannheimer Galerie

Luxusgüter aller Art bietet das Prunkstilleben dem Auge dar.
Die Inszenierung ist gewollt, ein zurückgeschlagener Vorhang an dünner Stange gibt den Blick auf die Kostbarkeiten frei, die auf einer dunkelgrünen Samttischdecke arrangiert sind. Die Säule und der Ausblick in eine Landschaft sind Pathos-Formeln, die den Kunst-Charakter unterstreichen. Die scheinbare Unordnung auf dem Tisch gehört zu den Stilmitteln des Faches: die umgekippte Trinkschale, das zerknitterte und verrutschte weiße Tuch, die Silberplatte, die über die Tischkante ragt, sollen dem Ganzen einen spontanen Ausdruck verleihen. Die Uhr, die rechts an der Tischkante liegt, deutet darauf hin, daß die Zeit läuft und nichts so vergänglich ist wie weltlicher Reichtum.
In der theatralischen Inszenierung knüpft van Beyeren an flämische Vorbilder an.

Gerard ter Borch

(Zwolle 1617 – Deventer 1681)

Der verweigerte Brief. Um 1655/58

Holz, 55,9 x 46,5 cm – Signiert – Inv.-Nr. 206 – Aus der Kurfürstlichen Galerie

Der sich ehrerbietig nähernde Kurier bringt einen Brief, doch die Dame spielt mit ihm, tut so, als sei ihr das Ganze während der Morgentoilette lästig, und wird doch gleich den Brief entgegennehmen und eilig lesen. Natürlich handelt es sich um einen Liebesbrief. Die befremdet zuschauende Magd weiß, wie lange die Dame darauf gewartet hat.

Gerard ter Borch malte neben Bildnissen zahlreiche Genrebilder, die zumeist im häuslichen Bereich spielen. Es sind sehr stille Werke, die durch Gesten, Blicke oder angedeutete Handlungen ganze Geschichten erzählen und bisweilen mit einem Schuß Ironie gewürzt sind. Ter Borchs Beobachtungsgabe menschlicher Verhaltensweisen wird nur noch von seiner feinmalerischen Begabung übertroffen. Beides ist hier mit Präzision vorgetragen. Aus gutem Grund bevorzugte diese Richtung Seidenstoffe, deren Oberfläche das Licht in tausend Reflexen brach. Hier ist es jedoch auch die stoffliche Erfassung der weichwolligen Kleidung des Kuriers, die das Auge bannt. Die Malweise des Bildes ist handlungsbezogen: das Zentrum der Handlung genauer ausgearbeitet als die Peripherie.

Gerard ter Borch

(Zwolle 1617 – Deventer 1681)

Ein Knabe floht seinen Hund.
Um 1655

Leinwand, 34,4 x 27,1 cm – Monogrammiert – Inv.-Nr. 589 – Aus der Düsseldorfer Galerie

Ergeben, fast verschämt trifft der Blick des Hundes den Betrachter, während der auf einem niedrigen Stühlchen sitzende Knabe mit Hingabe das Fell des Tieres nach Flöhen absucht, um sie bei Erfolg mit den Fingern zu zerdrücken.
Die Einrichtung der Stube ist karg. Auf einem aus einer Baumscheibe roh zurechtgehauenen dreibeinigen Schreibtisch liegt eine ordentlich geschlossene Kladde, in einem Tintengefäß steckt eine Feder, das Etui liegt daneben. Nur noch ein Hocker steht im Vordergund. Der darauf liegende Filzhut ist Repoussoir und malerische Sensation in einem.
Die Bedeutung des Bildes bleibt ambivalent: Ist es Sinnbild für die häusliche Ordnung, die auch die Pflege des Haustiers einschließt oder Warnung vor der Verführung, sich durch Nebensächlichkeiten vom Wichtigen (z.B. den schriftlichen Hausaufgaben) ablenken zu lassen? Das anrührende Motiv wurde unzählige Male kopiert. Bereits Lucas van Leyden stellte 1510 in einem Kupferstich das Motiv des Hundeflohens dar, ohne daß man eine Verbindung zu ter Borchs Bild annehmen müßte.

Philips Wouwerman
(Haarlem 1619 – Haarlem 1668)

Winterlandschaft mit Eisbahn. Um 1655

Holz, 47,6 x 63,7 cm – Signiert – Inv.-Nr. 152 – Aus der Zweibrücker Galerie

Jagdszenen, Schlachtenszenen, Ankunft und Aufbruch von Reisenden – immer sind Pferde mit dabei, und nie fehlt der Schimmel, der als eine Art Markenzeichen des Malers Aufmerksamkeit auf sich zieht. So auch in der Winterlandschaft: Sein blauleuchtendes Zaumzeug paßt zu dem eleganten Schlitten in Drachengestalt. Ebenso wie der neben ihm dahinsprengende Rappe scheint er hohe Herrschaft zu befördern, denn ein entgegenkommendes Paar grüßt ehrerbietig. Links sieht man munteres Treiben des Volkes: Ein Wirt hat ein Zelt als Schänke aufgeschlagen. Erwachsene trinken, die Kinder spielen »Kolf« und fahren Schlitten.

Der Maler hat sich mit einer kurzen Unterbrechung vermutlich zeitlebens in Haarlem aufgehalten. Er lernte bei seinem weitgehend unbekannt gebliebenen Vater, arbeitete später eine Zeitlang im Atelier von Frans Hals in seiner Heimatstadt. Während seine Gemälde in den vierziger Jahren oft sehr landschaftsbetont sind und den Figuren nur Staffagefunktion zukommt, treten darauf zunehmend Figuren in den Vordergrund seiner Arbeiten. Wouwerman war ein sehr produktiver Maler. Ca. 800 Gemälde aus einem Zeitraum von 30 Jahren lassen sich nachweisen. Besonders im 18. Jahrhundert schätzte man seine Werke.

Willem van de Velde d.J.
(Leiden 1633 – Westminster 1707)

Ruhige See. Um 1655

Leinwand, 51,6 x 56,5 cm – Inv.-Nr. 1032 – Aus der Sammlung König Max I.

Die Eindruck ist unwirklich: Zwei Fischerboote ankern im Vordergrund. Ihr Spiegelbild zeichnet sich auf der glatten Wasseroberfläche ab. Die See ist ruhig, kein Wind geht. Schwer lastet der Himmel auf dem Wasser, im Dunst der Ferne vereinen sich beide. Die Ruhe und Ausgewogenheit dieses Meisterwerks sind nicht nur der Wirkung des Sujets, sondern auch der ausgewogenen Komposition und zurückhaltenden Farbigkeit zuzuschreiben. Die Sinnbildhaftigkeit des Themas liegt auf der Hand: Das »Wartenkönnen auf den rechten Zeitpunkt« ist auch als Lebensallegorie zu verstehen.
Die Marinemalerei war ein Spezialgebiet der holländischen Kunst des 17. Jahrhunderts. Willem hatte die Kunst bei seinem Vater erlernt, später bei Simon de Vlieger. Ab 1672/73 stand er zusammen mit seinem Vater in Diensten des englischen Königs. Nicht immer geht es in seinen Gemälden so friedvoll zu wie in der *Ruhigen See*. Auch seine *Schiffe im Sturm* fanden ihre Käufer. Daneben schuf er quasidokumentarische Gemälde von den zahlreichen Seeschlachten zwischen England und Holland, bei denen ihm seine genauen Kenntnisse der Schiffstechnik und -typen zustatten kam.

Adriaen van Ostade
(Haarlem 1610 – Haarlem 1685)

Raufende Bauern. 1656
Holz, 44,8 x 37,4 cm – Signiert und datiert – Inv.-Nr. 566 – Aus der Düsseldorfer Galerie

Die Rauferei ist in vollem Gange, längst hat man vergessen, wodurch sie ausgelöst wurde. Mit Stöcken, Hockern und Fäusten dreschen die Bauern aufeinander ein, ein Rasender rechts zückt das Messer, von Frau und Kind mühsam gebändigt.
Ostade ist der Hauptvertreter des holländischen Bauerngenres. Entscheidende Anregungen empfing er von Adriaen Brouwer, mit dem er zusammen in der Werkstatt des Frans Hals tätig war. Bürgerliche Sammler in den Städten und auch ausländische Adlige zählten zu den Liebhabern dieser Bilder, die oft karikierend, aber stets liebevoll eine Art Gegenwelt darstellen. Neben dem abgebildeten besitzt die Alte Pinakothek ein weiteres derselben Stilperiode sowie ein Bilderpaar aus dem Frühwerk mit den charakteristischen kühlen und hellen Farben und feinmalerischen Akzenten.

Jacob van Ruisdael
(Haarlem 1628/29 – Amsterdam 1682)

Ansicht von Ootmarsum. 1660/70
Leinwand, 59,1 x 73,2 cm – Falsche Signatur – Inv.-Nr. 10818 – Erworben 1942 aus der Sammlung des Prinzen Ernst von Sachsen-Meiningen

Die Ansicht ist vom Kuiperberg aufgenommen. Die mittelalterliche Kirche beherrscht das Zentrum, um das sich Häuser mit leuchtendroten Ziegeldächern drängen. Nur die Windmühle darf außer der Kirche den Horizont überschneiden. In der Ferne ist Schloß Bentheim schemenhaft erkennbar. Zwei Drittel des Bildes sind Himmel. Wolken, die in drei großen Bahnen vom Horizont ausgehen, verteilen das Sonnenlicht über die Landschaft. Die Ansicht entstand im Atelier nach Zeichnungen aus den fünfziger Jahren.

Nicolaes Berchem
(Haarlem 1620 – Amsterdam 1683)

Italienische Landschaft im Abendlicht. Um 1670
Holz, 41,2 x 54,5 cm – Signiert – Inv.-Nr. 266 – Aus der Kurfürstlichen Galerie

Das rötliche Licht der untergehenden Sonne durchflutet das Flußtal und die Berge, die nach und nach in Dunst und Dunkelheit versinken werden. Ein – neben der Lichtgestaltung – besonderer Reiz geht von dem Kontrast zwischen der Landschaft und den klar und plastisch gestalteten Rückenfiguren der Hirten aus.
Vermutlich in den Jahren 1651–53 hielt sich der Sohn des Stillebenmalers Pieter Claesz. im Süden auf. Er ist Hauptvertreter der italianisierenden Landschaftsmalerei Hollands. 850 Gemälde von seiner Hand sind erhalten.

Jan Steen

(Leiden 1625/26 – Leiden 1679)

Die Liebeskranke. Um 1660

Leinwand, 61 x 52,1 cm – Signiert – Inv.-Nr. 158 – Aus der Düsseldorfer Galerie

In bemühter Anteilnahme fühlt der Doktor den Puls der Dame, die ihn blaß und leidend ansieht. Die ältere Frau schaut mitleidslos und wissend zu. Ein Zettel in der Hand der Leidenden gibt die Diagnose schriftlich: »Daar baat geen / medesyn / want het is / minepyn« (Da hilft keine Medizin, wenn es Liebesschmerz ist). Der Amor auf dem Windfang hat getroffen. Das in der Genremalerei beliebte Thema des Arztbesuches wird hier mit der Steen eigenen Ironie vorgetragen. Allein von seiner Hand sind 20 Versionen des Themas bekannt. Feinmalerische Akzente im Bild sind vor allem in den Stoffen zu finden.

Frans van Mieris

(Leiden 1635 – Leiden 1681)

Dame vor dem Spiegel. Gegen 1670.

Holz, 43 x 31,5 cm, runder Abschluß zum Rechteck ergänzt – Inv.-Nr. 219 – Aus der kurfürstlichen Galerie

Durch Mieris und seinen Lehrer Gerard Dou wurde die Leidener Feinmalerei zum Begriff. Miniaturhafte Präzision und delikate Farbigkeit bestimmen jeden Quadratzentimeter des kleinen Gemäldes. Weniger fein das Sujet: Der auffällige Putz der Dame läßt auf einen zweifelhaften Ruf schließen. Der letzte prüfende Blick in den Spiegel geht der Sünde voraus. Der Spiegel läßt die moralische Aussage ambivalent: einerseits ist er Instrument der Eitelkeit, andererseits kann er auch Mittel der (zur Besserung führenden) Selbsterkenntnis sein.

Jacob van Ruisdael
(Haarlem 1628/29 – Amsterdam 1682)

Eichen an einem Gießbach. 1670er Jahre

Leinwand, auf Holz aufgezogen, 71,7 x 90,1 cm – Signatur wohl falsch – Inv.-Nr. 1038 – Aus dem Nachlaß König Max I.

Vom diesseitigen Ufer führt ein wackliger Steg über den reißenden Fluß zu einem Eichenhain auf der anderen Seite. Eine Bauernfamilie lagert unter den Bäumen. In der Ferne rechts liegt eine Ortschaft, deren Häuser nur der Kirchturm und die Mühle am Dorfrand überragen. Quellwolken ziehen am Himmel auf und können jederzeit eine Wetteränderung herbeiführen. Bei Ruisdael sind die Menschen immer klein, die Natur ist immer groß. Der Künstler schuf hier eine Art Lebensallegorie. Die vielleicht vom Blitz gefällte Birke im Vordergrund, die abgestorbenen Äste selbst an den kräftigen Eichen, der hohle Baum davor weisen auf den Tod als Teil des Lebens. Fluß und Wetter zeigen die unwägbaren Elemente, der Steg den gefahrvollen Weg des Menschen.
Ruisdael ist der wohl bedeutendste Landschaftsmaler in der zweiten Jahrhunderthälfte, seine Wirkung, nicht zuletzt auf die Maler des 19. Jahrhunderts, war außerordentlich. Dies Handwerk war nicht Ruisdaels einzige Profession. Er hatte Medizin studiert, arbeitete eine Zeitlang in Amsterdam als Chirurg und soll sogar 1676 in Caen den Doktorgrad erworben haben. Die Kunst als Nebenerwerb – das ist häufig zu finden in der holländischen Malerei.

Adriaen van der Werff
(Kralingen 1659 – Rotterdam 1722)

Spielende Kinder vor einer Herkules-gruppe. 1687

Holz, 46,8 x 35 cm – Signiert und datiert – Inv.-Nr. 250 – Aus der Düsseldorfer Galerie

Die porzellanhafte Glätte und emailhafte Kühle machten die Gemälde des Adriaen van der Werff zu begehrten Sammlerstücken an den Höfen Europas. 1697 gelang es dem Wittelsbacher Kurfürsten Johann Wilhelm von der Pfalz, den Künstler als Hofmaler an sich zu binden.
Das kleine Bild vermittelt auf anmutige Weise seine Botschaft. Die antithetischen Gruppen im Vorder- und Mittelgrund veranschaulichen die Mahnung an Heranwachsende, ihre Zeit nicht mit unnützem Tun zu vergeuden. Herkules' Kampf gegen das Laster dient gleichsam als Motto.

Italienische Malerei des 17. und 18. Jahrhunderts

In vergleichsweise kleiner Auswahl präsentiert sich die italienische Malerei des Barock und spiegelt damit den klassizistisch geprägten Kunstgeschmack des Erbauers der Alten Pinakothek, König Ludwigs I., wider. Die Staatsgalerien in Schleißheim und Würzburg bieten dazu ergänzenden Raum. Die italienische Barockmalerei versteht sich als gezielte Gegenströmung zum (in der Alten Pinakothek kaum vertretenen) Spätmanierismus, die ihre Kraft – wie so oft – aus einer Rückbesinnung erzielte: hier auf die Hochrenaissance. Die Carracci aus Bologna stehen am Anfang der Erneuerung. Caravaggios innovative Kraft ist in der Alten Pinakothek nur indirekt (durch Werke seiner Nachfolger) zu belegen. Besonders gering an Umfang war in der Alten Pinakothek lange Zeit die Malerei des 18. Jahrhunderts vertreten. Die Initiative der Bayerischen Hypotheken- und Wechselbank hat seit den sechziger Jahren des 20. Jahrhundert den Bestand erheblich bereichert.

Federigo Barocci
(Urbino 1535 – Urbino 1612)

Christus und Maria Magdalena (Noli me tangere). 1590

Leinwand, 259 x 185 cm – Signiert und datiert – Inv.-Nr. 494 – Aus der Düsseldorfer Galerie

Im ersten Licht des Morgens spricht der Auferstandene die am leeren Grabe Trauernde an; sie hält ihn zunächst für den Gärtner. Erst als er sie beim Namen nennt, erkennt sie ihn. Mit liebevollem Blick sieht Maria Magdalena ihn an, mädchenhaft verlegen gerade-zu die Gebärde, als sie sich umwendet. Mit den Worten »Noli me tangere« (»Berühre mich nicht«) weist Christus sie auf seinen verklärten Zustand hin und trägt ihr auf, den Jüngern von der Begegnung zu berichten (Joh. 20, 11–17). Die treffsichere Wiedergabe der psychologisch komplexen Situation und eine erlesene, tiefglühende Farbigkeit zeichnen das Bild aus. Barocci entwickelte seinen vom Manierismus zum Barock überleitenden Stil aus dem Studium der Werke Raffaels, Tizians und Correggios.

Carlo Saraceni
(Venedig um 1580/85 – Venedig 1620)

Die Vision des hl. Franziskus.
Um 1620

Leinwand, 242 x 165 cm – Signiert – Inv.-Nr. 113 – Seit 1748 in Schleißheim nachweisbar

Dargestellt ist die nächtliche Tröstung des gegen Lebensende erblindenden hl. Franziskus durch einen musizierenden Engel. Das Ereignis fand 1225 im Hause eines Namensvetters des Künstlers, des Kanonikers Tebaldo Sarracenis in Rieti statt. In verheißungsvoller Weise kontrastiert das farbenprächtige Gewand des Engels zur tonig gemalten Krankenstube. Die Farbe vermittelt das Erlebnis der Musik. Lichtführung und naturalistische Wiedergabe der Gegenstände verraten den Einfluß der römischen Caravaggio-Nachfolge. Das Gemälde wurde vermutlich 1620 für den bayerischen Herzog und späteren Kurfürsten Maximilian I. erworben.

Johann Liss
(Oldenburger Land um 1597 – Venedig 1629/30)

Tod der Kleopatra. Um 1622/24

Leinwand, 97,5 x 85,5 cm – Inv.-Nr. 13434 – Erworben 1964

Kleopatra, die ägyptische Königin und Geliebte des Römers Antonius, beging durch den Biß einer Giftschlange Selbstmord, um der Gefangennahme durch Octavian zu entgehen. Liss entwickelte aus der Synthese flämischer, römischer und venezianischer Anregungen einen höchst eigenständigen Stil. Die besonders in den Stoffen breitflüssige Malweise, die geschmeidigen Formen der aus der Fläche entwickelten Komposition weisen weit über seine Zeit hinaus und werden erst wieder im Rokoko aufgegriffen.

Orazio Gentileschi
(Pisa 1563 – London 1639)

Martha tadelt ihre Schwester Maria. Um 1620

Leinwand, 133 x 155 cm – Inv.-Nr. 12726 – Erworben 1957 als Geschenk

Der tradierte Bildtitel nach Lukas 10,38–42 ist anzuzweifeln. Wahrscheinlich handelt es sich um eine moralisierende Darstellung, die Eitelkeit und Bescheidenheit als Gegensatzpaar vor Augen führt. Eindringlich gestikulierend, weist die Züchtige mit dem Kopftuch die Eitle mit offenem blondem Haar und einem Spiegel auf ihr Tun hin, wohl um sie zur Umkehr zu bewegen. Gentileschi war der führende Meister des Caravaggio-Kreises in Rom.

Bernardo Strozzi
(Genua 1581 – Venedig 1644)

Der Zinsgroschen. Um 1630

Leinwand, 159,5 x 123,5 cm – Inv.-Nr. 463 – Erworben 1711 für die Düsseldorfer Galerie

Erst seit dem 16. Jahrhundert wird das Thema dargestellt: »Gebt dem Kaiser, was des Kaisers ist, und Gott, was Gottes ist«, antwortet Christus, als ihn die Pharisäer mit der Frage nach der Rechtmäßigkeit von Steuerzahlungen an den römischen Kaiser in die Falle locken wollen (Mt 22,15–21). Der Fragende hält ihm dabei eine Münze entgegen. Strozzi schuf acht Versionen dieses Themas. Seine malerische Haltung gewann der Genueser Maler aus der Begegnung mit Werken Rubens', van Dycks und der Venezianer.

Guido Reni

(Calvenzano 1575 – Bologna 1642)

Die Himmelfahrt Mariae. 1642

Seide, 295 x 208 cm – Inv.-Nr. 446 – Aus der Düsseldorfer Galerie

Reni ist die zentrale Gestalt der Bologneser Barockmalerei. Die *Himmelfahrt Mariae* aus seinem letzten Lebensjahr ist durch helle silbrige Farbtöne, eine symmetrisch-ausgewogene Komposition und pathetische Vortragsweise gekennzeichnet – ein Beispiel für die klassisch strenge Richtung, die der Künstler etwa ab 1630 einschlug. Nicht zuletzt im 19. Jahrhundert wurde dieser Stil hoch geschätzt.
Das ungewöhnlicherweise auf Seide gemalte Bild wurde bereits 1631 für den Hochaltar der Kirche der Bruderschaft von Santa Maria degli Angioli in Spilamberto (Modena) in Auftrag gegeben. Die Engel, die die Gottesmutter zum Himmel tragen, nehmen in besonderer Weise auf das Kirchenpatrozinium Bezug. Bereits 19 Jahre nach seiner Aufstellung mußte das Gemälde wegen Finanznot der Gemeinde an einen Unbekannten aus Bologna verkauft werden.

Pietro da Cortona
(Cortona 1596 – Rom 1669)

Die Ruhe auf der Flucht. Um 1643
Kupfer, 47,7 x 38,9 cm – Inv.-Nr. 176 – Aus der Düsseldorfer bzw. Mannheimer Galerie

In eine klassische Dreieckskomposition hat der Maler (eigentlich: Pietro Berrettini) die Gruppe eingefügt. Eine Folie aus Blattwerk verleiht ihr eine fast monumentale Wirkung. Ein Engel reicht dem Jesusknaben Äpfel, während im Hintergrund Joseph von der Herbergssuche zurückkehrt. Das kleine Gemälde wurde bereits im Jahre 1639 vom Kardinal Antonio Barberini in Auftrag gegeben, aus dessen Familie der damalige Papst Urban VIII. stammte. Soeben hatte Cortona sein Hauptwerk, das der Verherrlichung dieses Papstes dienende Deckenbild im Gran Salone des Palazzo Barberini, in Rom fertiggestellt – ein Meilenstein in der Entwicklung der barocken Dekorationskunst.

Giovanni Battista Pittoni
(Venedig 1687 – Venedig 1767)

Geburt Christi. Um 1735
Leinwand, 73,2 x 56 cm – Inv.-Nr. 5762 – Erworben 1812 aus dem Bayreuther Schloß

Zahlreiche Kopien belegen die Beliebtheit des Sujets, Pittoni selbst hat es mehrfach wiederholt. Dieser Erfolg ist auf die konzentrierte Art und Weise zurückzuführen, in der wesentliche Aspekte des Themas zum Ausdruck kommen: Alles Beiwerk ist auf das Notwendigste beschränkt, der wolkig-verklärte Hintergund unterstreicht das Mystisch-Wunderbare des Augenblicks. Die Plazierung des Pflegevaters im Vordergrund betont den familiären Aspekt, das Vorzeigen des Kindes läßt den Betrachter an der mütterlichen Zuwendung teilhaben. Pittoni ist entscheidend an der Ausprägung der italienischen Rokokomalerei beteiligt.

Canaletto (Antonio Canal)
(Venedig 1697 – Venedig 1768)

Piazzetta und Bacino di S. Marco – Santa Maria della Salute und die Riva degli Schiavoni in Venedig. Um 1740

Leinwand, 69,1 x 94,5 cm und 69,7 x 94,5 cm – Inv.-Nr. WAF 137, WAF 138 – Erworben von König Ludwig I. aus dem Nachlaß Canovas

Besonders in Venedig blühte die Vedutenmalerei im 18. Jahrhundert, nicht nur die Reisenden auf der »Grand Tour« verlangten danach. Als der österreichische Erbfolgekrieg Anfang der vierziger Jahre vorübergehend Kundschaft ausbleiben ließ, verlegte sich Canaletto auf Zeichnungen und Radierungen. Die beiden Gemälde sind Gegenstücke, zwei weitere wurden 1939 veräußert. Sie sind Beispiel für den strengen topographischen Stil des Künstlers mit der kühlen, hellen Farbigkeit; die Helldunkel-Effekte der Frühphase sind verschwunden. Eine Camera obscura diente dem Künstler als Hilfsmittel bei der Erfassung der Motive.

Giovanni Battista Tiepolo
(Venedig 1696 – Madrid 1770)

Die Anbetung der Könige. 1753

Leinwand, 408 x 210,5 cm – Signiert und datiert – Inv.-Nr. 1159 – Erworben 1804 als Säkularisationsgut

Tiepolos Werke bilden den Höhepunkt der italienischen Malerei des 18. Jahrhunderts. Zwischen 1750 und 1753 war der Künstler in der Würzburger Fürstbischöflichen Residenz tätig. Vermutlich im Winter 1752/53 malte er für den Hochaltar der Klosterkirche Schwarzach die *Anbetung der Könige*. Mit wohlkalkulierter Farb- und Lichtregie lenkt der Meister der Inszenierung die Aufmerksamkeit auf das Zentrum des Bildes. Der Turbanträger und der kniende Page sind Einführungsfiguren, die dem Betrachter auch in den Fresken Tiepolos wieder begegnen.

Francesco Guardi
(Venedig 1712 – Venedig 1793)

Regatta auf dem Canale della Giudecca. Um 1784/89

Leinwand, 61 x 93 cm – Inv.-Nr. HuW 34 – Erworben 1975, Sammlung der Bayerischen Hypotheken- und Wechselbank

Guardi schloß sich zunächst an die Vedutenkunst Canalettos an, stellte jedoch seine malerische Freiheit immer über topographische Treue. Sprühendes Kolorit und blitzende Lichtreflexe zeichnen seine Werke aus. Besonders nach dem Tode seines Bruders Gianantonio im Jahre 1760 – Francesco rückte zu dessen Nachfolger als Werkstattleiter auf – bildete er seinen eigenwilligen Stil heraus, auf den bereits seine Zeitgenossen mit Kritik und – nach seinem Tode – mit baldigem Vergessen reagierten. Erst seit Anfang des 20. Jahrhunderts werden Guardis Werke wieder geschätzt.

Der Blick geht von Osten her den Canale della Giudecca entlang, der sich bis zum Horizont erstreckt. Der »Weitwinkeleffekt« der panoramaartigen Ansicht läßt ihn am Anfang unverhältnismäßig breit erscheinen. Man meint, die Erdkrümmung würde sichtbar. Unzählige Gondeln und festlich geschmückte Prunkboote unterstreichen die Breitenstreckung des Bildes, die von den aufragenden Bootsmasten links aufgefangen wird. Am linken Ufer sieht man das Ufer der Giudecca, rechts den Beginn des Canal Grande mit der Dogana di Mare und Santa Maria della Salute. Der Standpunkt des Malers ist in einer gewissen Höhe auf dem Canale di San Marco anzunehmen – Ergebnis der schöpferischen Phantasie des Künstlers, dem es auf eine möglichst wirkungsvolle Ansicht ankam. Zwei Zeichnungen dienten zur Vorbereitung des Gemäldes.

Französische Malerei des 17. und 18. Jahrhunderts

Die französische Malerei des 17. Jahrhunderts wurde von Rom aus geprägt. Poussin und Lorrain entwickelten hier ihren unverwechselbaren Stil, während andere Künstler, Valentin oder Vouet, aktuelle Kunstströmungen wie den Caravaggismus adaptierten, oder sich, wie Bourdon, den Bamboccianten anschlossen. Den an den Grundsätzen der 1648 gegründeten Académie royale ausgerichteten Stil vertritt in der Alten Pinakothek Le Sueur. Während die Werke des 17. Jahrhunderts überwiegend aus den älteren Wittelsbacher-Sammlungen stammen, wurde der ursprünglich rudimentäre Bestand der Malerei des 18. Jahrhunderts durch Ankäufe mäzenatischer Münchner Banken bereichert. Boucher ist hier mit großen Dekorationsstücken, mit dem Bildnis der Pompadour und der galanten Thematik vertreten. Letztere wird durch Fragonard nicht nur in ihrer Frivolität, sondern auch in bezug auf die malerische Freiheit auf die Spitze getrieben.

Nicolas Poussin
(Villers bei Les Andelys 1594 – Rom 1665)

Midas und Bacchus. Nach 1624
Leinwand, 98,5 x 153 cm – Inv.-Nr. 528 – Aus der Kurfürstlichen Galerie

Das Thema ist den Metamorphosen des Ovid entnommen. Der phrygische König Midas leitet Silen, der sich verlaufen hat, zu Bacchus zurück und soll dafür belohnt werden. Er wünscht sich, daß alles zu Gold wird, was er berührt. Halb verhungert muß er bald darauf um Befreiung von dieser fatalen Fähigkeit bitten. Dieser Augenblick ist dargestellt. Im Hintergrund kniet Midas am Fluß, um sich auf Geheiß des Bacchus reinzuwaschen – das Wasser verfärbt sich golden.
Das Gemälde ist ein Frühwerk aus der ersten römischen Zeit ab 1624. In der Klarheit der figuralen Komposition zeigt sich die Klassizität Poussins, die er durch das Studium der Hochrenaissance und der Antike erlangte (siehe z.B. Rubens' *Trunkenen Silen*).

Nicolas Poussin
(Villers bei Les Andelys 1594 – Rom 1665)

Beweinung Christi. Um 1627

Leinwand, 102,7 x 146,1 – Inv.-Nr. 625 – Aus der Kurfürstlichen Galerie

Mit archäologischem Interesse hat Poussin die Szene gestaltet. Ein Kammergrab wie jenes rechts hat der reiche Joseph von Arimathia für sich anfertigen lassen und stellt es jetzt für das Begräbnis Christi zur Verfügung (Mt 27, 57–60). In der Figurenanordnung greift Poussin die Renaissance-Idee der Dreieckskomposition auf und übersetzt sie in ein längsgestrecktes Format. Die farbige Gestaltung ist meisterhaft: Die Tristesse des rötlichen Felsen-Grau bestimmt den Grundton. Eisiges Blau, leuchtendes Rot und klares Weiß setzen darin kräftige Akzente.

Sébastien Bourdon
(Montpellier 1616 – Paris 1671)

Ein römischer Kalkofen. Um 1634/37

Leinwand, 172 x 246 cm – Inv.-Nr. 155 – Aus der Kurfürstlichen Galerie

Das Bild entstand während des vierjährigen Aufenthaltes Bourdons in Rom, wohin es den gerade Achtzehnjährigen zog. Es verbindet die Vedute – erkennbar sind das Grabmal der Caecilia Metella und die Engelsburg – mit den beliebten derben Szenen aus dem römischen Volksleben, die nach ihrem Erfinder, dem niederländischen Maler Pieter van Laer, Bambocciaden genannt werden (Bamboccio = Knirps, in Anspielung auf die verwachsene Gestalt van Laers). Kalköfen gab es seit dem Mittelalter an vielen Stellen in Rom. So manche antike Säule wurde hier zu Kalk verarbeitet.

Claude Le Lorrain
(Chamagne bei Mirecourt 1600 – Rom 1682)

Die Verstoßung der Hagar – Hagar und Ismael in der Wüste. 1668

Leinwand, 106,5 x 140,3 cm und 106,4 x 140 cm – Signiert und datiert – Inv.-Nr. 604 und 598 – Aus dem Besitz des Zweibrücker Galeriedirektors Johann Christian von Mannlich

Nach der Geburt Isaaks schickt Abraham auf Wunsch seiner Frau Sarah die ägyptische Magd Hagar und den gemeinsamen Sohn Ismael, den der Stammvater mit dieser zeugte, aus dem Haus (1 Moses 21,9–21). Nur Brot und Wasser gibt er ihnen mit. Sarah sieht sich das Ganze – mit hämischem Blick – vom Balkon aus an. Auf dem zweiten Gemälde ist der Engel zu sehen, der Hagar und Ismael in der Wüste vor dem Verdursten rettet, indem er ihnen eine Quelle zeigt. Friedvoll ist die Stimmung beider Bilder, denn alles geschieht mit dem Einverständnis Gottes, der (neben Isaak) auch aus Ismael ein großes Volk entstehen lassen will. Die weitläufige, von einem Hochplateau aus gesehene Landschaft und das silbrige, alles durchdringende Licht sind wesentliche Stimmungsträger. Die beiden Gegenstücke sind durch die jeweils nach außen abgeschlossene Landschaft aufeinander bezogen.
Der Lothringer (»Le Lorrain«) Claude Gellée ging bereits bereits als Zwölfjähriger nach Rom. Fast sein ganzes Leben verbrachte er dort als hochangesehener Landschaftsmaler. Seine Gemälde sind zumeist gut bezeugt, da er sie ab 1635 im ›Liber veritatis‹ aufzeichnete. Die Hagar-Pendants entstanden im Auftrag des Grafen Johann Friedrich von Waldstein, Erzbischof von Prag.

Claude Le Lorrain
(Chamagne bei Mirecourt 1600 – Rom 1682)

Ein Seehafen bei aufgehender Sonne. 1674

Leinwand, 72,2 x 96 cm – Signiert und datiert – Inv.-Nr. 381 – Aus der Kurfürstlichen Galerie

Das Bild ist Gegenstück zur vier Jahre früher entstandenen *Idyllischen Landschaft bei untergehender Sonne* (nicht abgebildet). Beide geben die lichtverzauberte Stimmung unterschiedlicher Tageszeiten wieder, und beide entstanden für den Kurfürstlich Bayerischen Rat Franz von Mayer in Regensburg.

Nicolas Lancret
(Paris 1690 – Paris 1745)

Der Vogelkäfig. Um 1735
Leinwand, 44 x 48 cm – Inv.-Nr. HuW 4 – Erworben 1966, Sammlung der Bayerischen Hypotheken- und Wechselbank

Der Reiz des Bildes liegt in seiner andeutenden Symbolik und einer ausgesuchten Raffinesse des Kolorits. Das Spiel mit Vögeln, eingesperrten oder aus einem Käfig freigelassenen, war – zumal in Verbindung mit der Schäferthematik – erotisch besetzt. Zahlreiche Reproduktionen des Motivs, als Kupferstich oder auf Gegenständen des Kunstgewerbes, belegen, daß Lancret die Thematik hier allgemeingültig erfaßte. Das Bild befand sich einst in der Sammlung Friedrichs des Großen in Potsdam.

Jean Baptiste Chardin
(Paris 1699 – Paris 1779)

Die Rübenputzerin. Um 1740
Leinwand, 46 x 37 cm – Signiert – Inv.-Nr. 1090 – Aus der Zweibrücker Galerie

In Chardins Werken verbinden sich Stimmungswerte von Ruhe und Konzentration mit einer Malkultur höchster Perfektion. Die Darstellungen von arbeitenden Menschen, die er neben zahlreichen Stilleben schuf, zeigen stets Augenblicke des Innehaltens in der Betriebsamkeit des Alltags, deren Nachdenklichkeit sich auf den Betrachter überträgt. Mit der Gattung »Küchenstück« schließt er sich an die holländische Malerei des 17. Jahrhunderts an, seine Motive sind jedoch der Welt des französischen Bürgertums entnommen.

Jean Etienne Liotard
(Genf 1702 – Genf 1789)

Das Frühstück. Um 1745

Pastell auf Pergament, 61 x 51 cm – Inv.-Nr. HuW 30 – Erworben 1974, Sammlung der Bayerischen Hypotheken- und Wechselbank.

Die Pastellmalerei war zwar bereits im 15. und 16. Jahrhundert bekannt, entwickelte sich jedoch erst im Rokoko zu einer Mode. Die zartfarbige, stets leicht pudrig wirkende Oberfläche der Bilder scheint in besonderer Weise dem Zeitgeschmack entsprochen zu haben, stoffliche Erscheinungen ließen sich damit vortrefflich gestalten. Liotard verbindet hier Bildnis und Genredarstellung. Der Anschnitt der linken Figur durch den Bildrand ist ein unerhört kühner Kunstgriff.

François Boucher
(Paris 1703 – Paris 1770)

Ruhendes Mädchen. 1752

Leinwand, 59 x 72,9 cm – Signiert und datiert – Inv.-Nr. 1166 – Aus der Zweibrücker Galerie

Die Dargestellte wird mit der fünfzehnjährigen Louise O'Murphy identifiziert, die seit 1751 für den Maler als Modell arbeitete. Nachdem Ludwig XV. eine Miniatur von ihr gesehen hatte, machte er sie 1753 zu seiner Mätresse. Nach der Geburt eines Kindes wurde sie 1755 mit Jacques de Beaufranchet verheiratet. Die Mischung aus kindlicher Naivität und offener erotischer Pose, die Boucher hier zum Ausdruck bringt, lassen das Bild zum Inbegriff eines freizügigen Zeitalters werden.

François Boucher
(Paris 1703 – Paris 1770)

Bildnis der Marquise de Pompadour. 1756

Leinwand, 201 x 157 cm – Signiert und datiert – Inv.-Nr. HuW 18 – Erworben 1971, Sammlung der Bayerischen Hypotheken- und Wechselbank

Jeanne-Antoinette Poisson wurde vier Jahre nach ihrer Heirat mit Charles-Guillaume Le Normant d'Etioles 1745 Mätresse Ludwigs XV. Aufgrund ihrer geistigen und musischen Fähigkeiten, die dem König gefielen, erlangte sie bald eine herausgehobene Stellung bei Hofe, deren Glanzpunkt am 7. Februar 1756 die Ernennung zur Hofdame (dame du palais) der Königin war. Wohl aus diesem Anlaß entstand das Gemälde, das Privatbildnis und Staatsporträt miteinander verbindet.

In großer Hoftoilette präsentiert sich die Pompadour. Um sie herum liegen Gegenstände, die auf ihre Fähigkeiten und Vorlieben hinweisen: Das Buch auf dem Schoß betont ihre literarische Bildung, Brief, Feder und Siegel auf dem Tischchen ihre geschliffene Korrespondenz. Ihr künstlerisches Talent findet in den Gesangsnoten und Kupferstichen (u.a. von ihrer Hand nach Werken Bouchers) betont beiläufige Einbeziehung. Vor ihr sitzt der geliebte King-Charles-Spaniel Mimi. Ein Spiegel hinter dem Kanapee dient der optischen Raumerweiterung. Wahrscheinlich wurde das Bildnis im Atelier auf der Grundlage von Hand- und Kopfstudien gemalt, und der Fall des prächtigen Kleides an einem Modell studiert.
François Boucher zählt als Maler, Zeichner und Kupferstecher zu den vielseitigsten Künstlern des französischen Rokoko und war ein hochgeschätzter Dekorationsmaler am Versailler Hof.

Jean Honoré Fragonard
(Grasse 1732 – Paris 1806)

Mädchen mit Hund (La Gimblette). Um 1770

Leinwand, 89 x 70 cm – Inv.-Nr. HuW 35 – Erworben 1977, Sammlung der Bayerischen Hypotheken- und Wechselbank

Spielerisch wie das Motiv ist die Malweise, die mal skizzenhaft frei wirkt, mal ganze Partien unvollendet läßt. Die zwanglos-laszive Gymnastik mit dem Hündchen, der sich das unbeobachtet fühlende Mädchen hingibt, wurde auch von Zeitgenossen als schockierend empfunden. Der tradierte Titel *La Gimblette* beruht auf einer Verwechselung mit einem anderen Gemälde.
Chardin und Boucher waren die Lehrer Fragonards, dessen Familie aus Mailand stammte. In der französischen Revolution wurden Fragonards Werke verboten, der virtuose Maler starb in Vergessenheit.

Spanische Malerei des 16. bis 17. Jahrhunderts

Die spanische Abteilung ist die zahlenmäßig kleinste der Alten Pinakothek, jedoch sind mit El Greco, Velázquez, Zurbaran und Murillo alle großen Namen vertreten. Die spanische Malerei der Zeit hat ein ganz eigenes Gepräge, das auf die Hauptauftraggeber, Hof und Kirche, zurückzuführen ist. Das höfische Bildnis und religiöse Darstellungen nehmen dementsprechend breiten Raum ein, Mythologisches, wie z.B. in der flämischen Malerei, war nicht gefragt. Auch das Genrebild hatte geringe Bedeutung – die anrührenden Werke Murillos gingen überwiegend außer Landes. Die meisten Werke stammen aus dem 17. Jahrhundert, der Zeit der kulturellen Blüte, die merkwürdigerweise mit dem Niedergang der politischen und wirtschaftlichen Bedeutung der Weltmacht Spaniens einherging. Die Gemälde kamen überwiegend aus den Wittelsbachischen Sammlungen des 17./18. Jahrhunderts nach München.

Juan Pantoja de la Cruz
(Valladolid 1553 – Madrid 1608)

Bildnis der Infantin Isabella Clara Eugenia von Spanien. 1599

Leinwand, 124,7 x 97,5 cm – Signiert und datiert – Inv.-Nr. 987 – 1804 als Säkularisationsgut aus dem Benediktinerinnenkloster Hohenwart

Die Infantin war eine Tochter Philipps II. von Spanien. Von ihrem Vater wurde ihr die Regierung über die Niederlande übertragen, nachdem sie Erzherzog Albrecht VII. von Österreich, einen Sohn Kaiser Maximilians II., geheiratet hatte. Das Porträt-Gegenstück von diesem ist nicht abgebildet (Inv.-Nr. 898). Die Strenge des spanischen Hofzeremoniells kommt in dem Bildnis zu Ausdruck. Die Überfülle des schweren schmuckbesetzten Kleides mit dem großen Kragen steht im Vordergrund, die Körperhaltung und selbst das unbewußte Greifen nach der Schmuckkette scheinen reglementiert.

Diego Rodriguez de Silva y Velázquez
(Sevilla 1599 – Madrid 1660)

Bildnis eines jungen spanischen Edelmannes. Um 1629

Leinwand, 89,2 x 69,5 cm – Inv.-Nr. 518 – Erworben 1694 für die Düsseldorfer Galerie

Das Bildnis ist unvollendet. Die Hände sind nur als Kontur in schwarzen breiten Strichen angegeben, das Wams ist ohne weitergehende Modellierung angelegt, der Hintergrund nur unvollkommen an die Figur herangemalt. Hellbraun scheint hier die Grundierung durch. Vielleicht ist es gerade dieser Zustand, der das plastische Gesicht des Unbekannten um so eindringlicher erscheinen läßt. Der Dargestellte trägt spanische Hoftracht, wie sie nach der Thronbesteigung Philipps IV. üblich wurde. Ein flacher gestärkter Kragen (golilla) löste die breite Halskrause ab.

El Greco

(Candia/Kreta 1541 – Toledo 1614)

Die Entkleidung Christi. Um 1606/08

Leinwand, 165,0 x 98,8 cm – Inv.-Nr. 8573 – Erworben 1909 im französischen Kunsthandel

Doménikos Theotokópoulos, gen. El Greco, war bereits in jungen Jahren auf Kreta als Ikonenmaler tätig. 1566 zog er nach Venedig und kam zu Tizian in die Lehre, Tintoretto und Bassano prägten ihn. Seit 1577 arbeitete er in Toledo. El Grecos Kunst lebt aus der einzigartigen Synthese des Antinaturalismus der byzantinischen Malerei, venezianischem Kolorit und den Prinzipien des Manierismus. Seine überlängten Figuren, der Wechsel von flächig empfundenen Gruppen und forcierter Räumlichkeit, extreme Helldunkel- und Farbkontraste bestimmen das Bild. Das Gemälde ist eine Replik nach einer Fassung, die der Künstler 1577/79 für die Sakristei der Kathedrale von Toledo gemalt hatte.

Francisco de Zurbarán y Salazar
(Fuente de Cantos 1598 – Madrid 1664)

Die Grablegung der heiligen Katharina von Alexandrien auf dem Berg Sinai. Nach 1630

Leinwand, 201,5 x 126 cm – Inv.-Nr. 14933 – Erworben 1985 aus Privatbesitz

Nach ihrer Enthauptung wurde die Heilige von Engeln auf den Berg Sinai getragen und bestattet. Die Engel sind im Begriff, den Leichnam in den Sarkophag zu senken; rechts daneben stehen die Marterinstrumente der Heiligen. – Das Altarbild stammt vermutlich aus der Katharinenkapelle der 1636 geweihten Kirche der barfüßigen Mercedarier in Sevilla. Wie in anderen, ähnlich aufgebauten Bildern ist auch hier das obere Bildviertel nur summarisch ausgearbeitet. Die nach unten hin zunehmende Präzision erlebt in den kühlen rosafarbenen und grauen Stoffen ihren Höhepunkt. Zurbarán verarbeitete hier einen Stich von Cornelis Cort (1575).

Bartholomé Estéban Murillo
(Sevilla 1618 – Sevilla 1682)

Trauben- und Melonenesser. Um 1645/46

Leinwand, 145,9 x 103,6 cm – Inv.-Nr. 605 – Erworben wahrscheinlich 1698 durch Kurfürst Max Emanuel

Murillo ist für seine anrührenden Genreszenen und gefühlvollen religiösen Gemälde berühmt. Unter den letzteren wurden besonders seine Darstellungen der »Unbefleckten Empfängnis« typenprägend. Die Genrebilder sind ausnahmslos außerhalb Spaniens zu finden, da sie bereits im 17. Jahrhundert über Kunstagenten europaweit vertrieben wurden. Ihr Thema sind Kinder und Bettlergestalten, die in vermeintlichen Alltagssituationen erfaßt sind. Das Anrührende dieser Bilder liegt in dem hohen Grad ihrer Idealisierung – es hungert niemand, alle sind gesund – und in ihrem Naturalismus, der sie so lebensnah erscheinen läßt. Das Niedliche entlarvt sich als Inszenierung. Nicht einmal die zerrissene Kleidung vermag Mitleid zu erwecken, so virtuos, wie sie gemalt ist. Eine gezielte Ausleuchtung betont die Plastizität der Figuren.

Bartholomé Estéban Murillo
(Sevilla 1618 – Sevilla 1682)

Buben beim Würfelspiel. Um 1675

Leinwand, 146 x 108 cm – Inv.-Nr. 597 – Erworben 1698 durch Kurfürst Max Emanuel

Drei Jahrzehnte nach den *Trauben- und Melonenessern* entstanden die übrigen vier Münchner Genrebilder Murillos, allen voran die *Buben beim Würfelspiel.* Das fahle Licht des Bildes rührt vielleicht von den besonderen Verhältnissen in den Gassen Sevillas her, die zum Schutze vor der Hitze mit Planen überspannt wurden. Vielleicht ist es die Zeit der Nachmittagsruhe. Den verträumt aus dem Bild herausschauenden Knaben benutzte Murillo auch als Modell für einen Cheruben in seinen Immaculata-Darstellungen.

Register